23 février 1864

CATALOGUE

D'ESTAMPES

ANCIENNES ET MODERNES

CATALOGUE

D'UNE

MAGNIFIQUE COLLECTION

D'ESTAMPES

ANCIENNES & MODERNES

Formant le Cabinet d'un Amateur distingué de l'Etranger

DONT LA VENTE AUX ENCHÈRES PUBLIQUES AURA LIEU

HOTEL DES COMMISSAIRES-PRISEURS

Rue Drouot, n° 5

SALLE N° 4, AU 1er ÉTAGE

Les Mardi 23, Mercredi 24, Jeudi 25 & Vendredi 26 Février 1864

A DEUX HEURES PRÉCISES

M° **DELBERGUE-CORMONT**, Commissaire-Priseur,
rue de Provence, 8,

Assisté de **M. CLEMENT**, M^d d'Estampes de la Bibliothèque Impériale,
rue des Saints-Pères, 3,

Chez lesquels se distribue le présent Catalogue.

EXPOSITION PUBLIQUE

Le LUNDI 22 Février 1864, de une heure à quatre heures.

PARIS — 1864

CE CATALOGUE SE DISTRIBUE :

A Paris......	Chez MM. DELBERGUE-CORMONT, Comm.-Priseur, 8, rue de Provence.	
	—	CLÉMENT, m^d d'estampes de la Bibliothèque
	—	impériale, rue des Saints-Pères, 3.
A Londres.....	—	COLNAGHI et Cie, m^d d'estampes.
	—	GRAVES et Cie, Id.
	—	ÉVANS et fils, Id.
	—	HOLLOWAY, Id.
A Manchester.	—	GRUNDY, Id.
A Amsterdam.	—	BUFFA et fils, Id.
A Leipsick	—	R. WEIGEL, Id.
	—	DRUGULIN, Id.
A Berlin.......	—	AMSLER et RUTHARDT, Id.
Francfort-s.-Mⁱⁿ.	—	PRESTEL, Id.
A Vienne......	—	ARTARIA et Cie, Id.
A Cologne.....	—	J.-J. PRICKEN, Id.
A Munich......	—	MONTMORILLON, Id.
	—	AUMÜLLER, Id.
A Liège........	—	Ch. VAN MARCK, Id.
A Dresde......	—	E. ARNOLD, Id.

ORDRE DES VACATIONS

1re VACATION. — *Lundi 22 Février 1864.*

Nos 1 à 155.

2me VACATION. — *Mardi 23 Février.*

Nos 156 à 301.

3me VACATION. — *Mercredi 24 Février.*

Nos 302 à 450.

4me VACATION. — *Jeudi 25 Février.*

Nos 451 à 602.

CONDITIONS DE LA VENTE

Elle sera faite au comptant.

Les Acquéreurs paieront, en sus du prix d'adjudication, CINQ pour CENT, applicables aux frais.

DÉSIGNATION

DES

ESTAMPES

AMSLER (Sam.)

1 — La Mise au tombeau, d'après Raphaël.

Belle épreuve avant la lettre, avec le nom du graveur à la pointe.

ANDERLONI (Pierre)

2 — La Femme adultère, d'après le Titien.

Superbe épreuve avant toutes lettres et avant que les fleurs sur la terrasse, au premier plan, vers la droite, aient été terminées, épreuve dite aux *fleurs blanches*; elle a toute sa marge.

3 — Moïse défendant les filles de Jéthro, d'après le Poussin.

Superbe épreuve avant toutes lettres; seulement les lettres *P. A. F.* tracées, avec le lacet blanc à la sandale du pied droit de la deuxième femme à la gauche de l'estampe; épreuve dite au *lacet blanc*; elle a toute sa marge.

4 — Le Jugement de Salomon, d'après Raphaël.

Très-belle épreuve avant la bordure et les noms d'auteurs; seulement, avec les deux lignes : *Date illi infantem.... in œdibus Vaticanis*, tracées à la pointe sur la tablette du bas de l'estampe; elle est en feuille, et porte cet autographe de l'auteur : *Épreuve d'étiquette avant la bordure. P. Anderloni.*

5 — Héliodore chassé du temple, d'après Raphaël.

Superbe épreuve avant toutes lettres, avant la bordure et avec des essais de burin dans la marge ; elle est en feuille et signée du graveur.

6 — Attila saisi d'effroi à l'apparition des apôtres saint Pierre et saint Paul, d'après Raphaël.

Superbe épreuve d'artiste ; seulement l'inscription et la bordure tracées ; elle est comme la précédente, en feuille et signée de l'auteur.

7 — *La Sacra Famiglia*, d'après Raphaël.

Superbe épreuve avant toutes lettres, sur papier de Chine, seulement les lettres P. A. F. et la date de 1832 à la pointe. Très-rare. Collection Debois.

8 — La Vierge aux anges, d'après le Titien.

Superbe épreuve avant toutes lettres ; elle a toute sa marge.

9 — La Vierge et l'Enfant Jésus, d'après Raphaël.

Belle épreuve avant toutes lettres.

AUDOUIN (P.)

10 — Vénus blessée par l'épine d'un rosier, d'après Raphaël.

Belle épreuve avant la lettre.

11 — Jupiter et Antiope, d'après le Corrège.

Très-belle épreuve avant la lettre.

12 — Vénus désarmant l'Amour, d'après le Corrège.

Très-belle épreuve avant la lettre.

ARISTIDE (Louis)

13 — Mignon aspirant au ciel. — Mignon regrettant la patrie. 2 p., d'après A. Scheffer.

Belles épreuves d'artistes avant toutes lettres, sur papier de Chine, portant le n° 16.

14 — L'Innocence, d'après Greuze.

Très-belle épreuve avant toutes lettres et de remarque.

15 — Le même sujet.

Belle épreuve avant la lettre.

16 — Mater Dolorosa, d'après Ribera.

Belle épreuve d'artiste, avant la bordure, sur papier de Chine.

17 — Napoléon, empereur, d'après Paul Delaroche.

Très-b lle épreuve avant toutes lettres et avant les camées sur la boîte que tient le personnage ; épreuve dite de remarque.

18 — Le même portrait.

Belle épreuve avant la lettre, sur papier de Chine.

19 — Portraits de Paul Delaroche et de M. Henriquel Dupont.

Belles épreuves d'artistes, sur papier de Chine.

AUDRAN (Gérard)

20 — Le Portement de croix, d'après Mignard (L. B. 30).

Superbe épreuve du premier état, avant la lettre et la dédicace. Rare ; elle est doublée.

21 — La Peste d'Eaque, d'après le Poussin (L. B. 207).

Belle épreuve du deuxième état ; l'on voit encore la figure de Junon dans les airs qui a été remplacée dans les épreuves postérieures par un ange exterminateur.

22 — Les Batailles d'Alexandre, d'après Charles Le Brun. Suite de quatre grandes estampes gravées en plusieurs feuilles (L. B. 228-231).

Superbes épreuves du premier état, avant toutes lettres, avant les traits carrés qui entourent chaque estampe et avec un grand nombre de remarques ; principalement les imperfections des cuivres et avec les première et quatrième feuilles du sujet : le *Passage du Granique,* imprimées sur une seule planche. *Les inscriptions ont été écrites à la plume sur chaque estampe, par P. Mariette* (Indication du Catalogue Verstolk). Elles sont non assemblées, parfaitement conservées, et avec de la marge. Collection presque unique provenant des cabinets A. Bordage et Verstolk de Soelen.

BAL (J.)

23 — La Tentation de saint Antoine, d'après Gallait.

Belle épreuve avant toutes lettres ; seulement les noms d'auteurs, sur papier de Chine et portant une dédicace et la signature de l'auteur.

BALECHOU (Jean-Joseph)

24 — Sainte Geneviève, d'après Carle Vanloo.

Superbe épreuve avant toutes lettres, avant les armes, avant les travaux ajoutés dans le haut pour mettre la planche d'équerre, avant ceux sur le collier de la sainte et avant le changement fait au bas du jupon.

25 — La Tempête, d'après J. Vernet.

Superbe épreuve avec la faute au mot *Compagnie*, écrit *Compagine*, à droite de la quatrième ligne du titre et avant l'adresse de Buldet.

26 — Le Calme, d'après J. Vernet.

Très-rare et belle épreuve avant toutes lettres ; au verso est imprimée une épreuve avec la lettre, avant les raies. Collection Debois.

27 — Les Baigneuses, d'après J. Vernet.

Belle épreuve.

28 — Auguste III, roi de Pologne, d'après H. Rigaud.

Superbe épreuve avant différents travaux dans le ciel, et sur les plantes ; elle est doublée et coupée à la première bordure. Très-rare en cet état.

BALLIU (Pierre de)

28 bis — La Flagellation, d'après Abr. Van Diepenbeke.

Très-belle épreuve avec l'adresse de *Gillis Hendricx*.

BARBARY (Jacques de)

(Dit le maître au caducée.)

29 — La Sainte Famille (B. 5.).

Très-belle épreuve ; mais elle est doublée.

BARTOLOZZI (F.)

30 — Portrait de Martin Van Juchen, d'après A. Schouman.

Trois épreuves à l'eau-forte, avant et avec la lettre.

BEAUGRAND (M. Achille)

31 — Saint Augustin et sainte Monique, sa mère, d'après Ary Scheffer.

Superbe épreuve avant toutes lettres.

BEAUVARLET (Jacques-Firmin)

32 — J.-B. Poquelin de Molière, d'après S. Bourdon.

Très-belle épreuve avant toutes lettres, avec un encadrement différent et avec l'écusson en blanc. Très-rare.

BELLA (Stefano della)

33 — Vue et perspective du Pont-Neuf de Paris. (Catalogue Jombert 112).

Très-belle épreuve du premier état avant la girouette en forme de coq placée sur le clocher de Saint-Germain-l'Auxerrois.

BERGHEM (Nicolas)

34 — La Vache qui pisse (B. 2).

Belle épreuve du premier état, avec le nom du maître, mais avant l'adresse de F. de Witt.

35 — Les trois Vaches en repos (B, 3).

Très-belle épreuve, avec le nom du maître; elle est doublée.

36 — Le Joueur de cornemuse. Pièce connue sous le nom du Diamant (B. 4). Ce morceau est un des plus beaux du maître.

Très-rare épreuve du premier état avant le nom de Berghem, au haut de la gauche de l'estampe.

37 — Le Pâtre parlant à une femme (B. 7).

Très-belle épreuve d'un morceau rare. Collection Verstolk de Soelen.

BERVIC (CHARLES-CLÉMENT)

38 — L'Enlèvement de Déjanire, d'après le Guide.

Superbe épreuve avant toutes lettres, avant le talon détaché de la draperie et avec des essais de burin dans la marge; elle a toute sa marge. Extrêmement rare.

39 — L'Éducation d'Achille, d'après Regnault.

Superbe épreuve avant toutes lettres, avec marge. Très-rare.

40 — Laocoon et ses deux enfants enveloppés par deux énormes serpents, d'après un groupe antique.

Magnifique épreuve avant toutes lettres, avant des contre-tailles sur le pilier, à la gauche de l'estampe ; elle a une belle marge. De la plus grande rareté. Collection Debois.

40 bis. — La même estampe.

Superbe épreuve avec le nom de Bervic à la pointe, au milieu de l'estampe.

41 — Portrait de Louis XVI en manteau royal, d'après Callet.

Magnifique épreuve avant toutes lettres, avant les bordures du haut et du bas ; elle a de la marge. De la plus grande rareté.

42 — Le même portrait.

Très-belle épreuve avant la lettre, portant la signature du graveur ; elle a une belle marge et est collée en plein.

43 — Saint Jean prêchant, d'après Raphaël.

Très-belle épreuve d'artiste; seulement les noms d'auteurs tracés à la pointe.

44 — Le Repos, d'après N. B. Lépicié.

Belle épreuve avant la lettre et la dédicace, seulement les armes et les noms d'auteurs tracés.

45 — Portrait de Senac de Meilhan, d'après Duplessis.

Très-belle épreuve avant la lettre.

46 — Portrait du comte de Vergennes.

Belle épreuve avant la lettre.

BIONDI (M.-Vincent)

47 — Béatrix Cenci, d'après Guido Reni.

Belle épreuve avant la lettre, seulement les noms d'auteurs tracés.

BLANCHARD (M.-A.)

48 — La Descente de croix, d'après Rubens.

Superbe épreuve avant toutes lettres, sur papier de Chine, dite d'artiste et de remarque, avec un petit croquis du buste de Rubens au bas de la marge à gauche.

49 — Tête du Christ. — L'Ange Gabriel, d'après Paul Delaroche. 2 p. faisant pendant.

Belles épreuves d'artiste, sur papier de Chine. A la première, la signature du graveur.

50 — Le Repos en Egypte, d'après Bouchot.

Belle épreuve d'artiste avant la bordure, sur papier de Chine.

51 — Portrait de Marie de Médicis, d'après Rubens.

Belle épreuve d'artiste, sur papier de Chine.

BLOEMAERT (Corneille)

52 — La Vierge dite aux Lunettes, d'après An. Carrache.

Superbe épreuve; elle a de la marge.

BLOTELING (ABRAHAM)

53 — Eybert Meesy-Kortenaer, amiral hollandais, d'après Vander Helst.

Très-belle épreuve du premier état, avant les mots : *et excudit*, à la suite du mot *sculpsit*. Rare.

54 — Michel-Adrien Ruyter, célèbre amiral hollandais.

Très-belle épreuve.

55 — Martin Tromp, amiral hollandais, d'après P. Lely.

Superbe épreuve

BOCHOLT (FRANÇOIS VON)

56 — Le Jugement de Salomon (B. 2).

Très-belle épreuve ; elle a subi quelques restaurations. De la plus grande rareté.

BOISSIEU (J.-J. DE)

57 — Portrait de J.-J. de Boissieu, tenant un dessin où est le portrait de sa femme (R. 1.).

Superbe épreuve d'eau-forte pure. Extrêmement rare.

58 — Le même portrait.

Très-belle épreuve du premier état, avec le portrait de sa femme sur la feuille qu'il tient, et qui a été remplacé par un paysage. Collection H. Weber.

59 — Les Moines au chœur (R. 6).

Superbe épreuve à l'eau-forte pure. Extrêmement rare.

60 — L'Ecrivain public (R. 8.)

Superbe épreuve d'eau-forte pure. Extrêmement rare.

61 — Les Grands Tonneliers (R. 9).

Superbe épreuve d'eau-forte pure. Extrêmement rare.

62 — Les Joueurs de boules (R. 10).

Superbe épreuve.

63 — Vieillard assis, faisant lire un enfant (R. 18).

Première et très-rare épreuve tirée de l'eau-forte pure, et avant le second point à la suite du monogramme du maître.

Nota. Il existe quatre états postérieurs à celui-ci.

64 — La Leçon de botanique (R. 20).

Très-belle épreuve.

65 — Les Petits Tonneliers (R. 23).

Superbe épreuve signée au verso : *Frédéric Geissler*, 1810.

66 — Vieillard jouant du Hautbois (R. 26).

Très-belle épreuve avant grand nombre de travaux, soit à la pointe sèche, soit au burin.

67 — Vue du temple de la Sibylle et de la cascade à Tivoli (R. 30).

Superbe épreuve tirée sur papier de Chine, avant la lettre, et avant que la planche ait été terminée à la roulette. Extrêmement rare.

68 — Vue du pont *Lucano*, sur la route de Rome à Tivoli (R. 36).

Superbe épreuve tirée sur papier de Chine, avant le nom du graveur écrit en toutes lettres, et avant que les mots : Colonel du régiment de la Sarre, aient été effacés et remplacés par ceux-ci : *Pair de France*. Extrêmement rare.

69 — Vue de l'île Barbe, sur la Saône (R. 37).

Belle épreuve.

70 — Entrée du village de Lantilly. Sujet connu sous le titre des *Petits Maçons*. (R. 38).

Très-belle épreuve.

71 — Des Voyageurs se reposant au coin d'un bois (R. 59).

Très-belle épreuve.

72 — Deux Rustres et une Villageoise dans une campagne (R. 60).

Superbe épreuve.

73 — Vieux Château délabré où est un cabaret (R. 67).

Superbe épreuve avant la lettre, et avant que les marges du cuivre aient été réduites.

74 — Bateliers conduisant un bateau (R. 678).

Belle épreuve.

75 — Vue d'une campagne pendant l'hiver (R. 73).

Belle épreuve tirée avant que la morsure de l'étau, au haut de la droite, ait été effacée et l'angle du trait carré raccordé.

76 — Vue d'une campagne au printemps (R. 74).

Belle épreuve tirée avant les derniers travaux au pied du cerisier.

77 — Paysage où est une baraque en planches et en paille (R. 75).

Belle épreuve avant le trait carré rentré.

78 — Deux petits paysages (R. 82-83).

Belles épreuves tirées : la première, avant que la morsure de l'étau, au bas de la gauche, ait été effacée; la seconde, avant que les angles du cuivre, coupés diagonalement, aient é é arrondis, exception faite de celui du bas à gauche.

79 — Paysages dessinés et gravés par J.-J. de Boissieu. Suite de six estampes (R. 94-99).

Très-belles épreuves du premier état, à l'eau-forte pure et avant l'adresse de la veuve F. Chereau sur la première pièce. Très-rares.

80 — Différentes études de têtes d'hommes, vieillards, enfants et animaux. Suite de six estampes. (107 à 112).

Superbes épreuves avec remarques et de la même égalité de ton. Rares de cette condition.

81 — Homme les mains croisées, vêtu d'un manteau noir, d'après D. Téniers (R. 127).

Superbe épreuve d'eau-forte pure. Extrêmement rare.

82 — La Digue rompue, d'après Asselin (R. 133).

Très-belle épreuve avant que la planche ait été terminée à la roulette.

83 — Le Moulin à eau, d'après Ruysdaël (R. 135).

Très-belle épreuve.

84 — Le Moulin de Ruysdaël (R. 136).

Très-belle épreuve tirée sur papier de Chine.

85 — Pays coupé par un chemin où un homme se repose (R. 137).

Très-belle épreuve tirée avant l'astérisque à la suite du monogramme du maître.

86 — Un Pâtre et un Taureau traversant une rivière, d'après Ruysdaël (R. 138).

Très-belle épreuve.

87 — Le Repos des faucheurs (R. 139).

Superbe épreuve avant quelques travaux au burin, vers la droite du premier plan, et avant le trait carré repris à la pointe. Très-rare.

88 — Le Charlatan, d'après Karel Dujardin (R. 140).

Superbe épreuve tirée avant d'être terminée à la pointe sèche et à la roulette, et avant l'astérisque à la suite de l'année 1772. Très-rare.

89 — Deux Femmes et un jeune garçon près d'un lavoir, d'après N. Poussin (R. 141).

Très-belle épreuve sur papier de Chine.

BOLSWERT (Schelte A.)

90 — Moïse élevant le serpent d'airain dans le désert, d'après Rubens (B. 16 des sujets de l'A. T.),

Magnifique épreuve avant que le cintre qui détache les armes de l'estampe ait été raccordé au burin, et avant l'adresse de *Gillis Hendricx*, qui plus tard a été remplacée par celle de *C. Van Merlen*. Très-rare.

91 — Le Mariage de la Vierge, d'après Rubens (B. 1 des sujets du N. T.).

Superbe épreuve du premier état, avant toutes lettres; elle a de la marge. Extrêmement rare.

92 — Nativité, d'après Rubens (B. 7 des sujets du N. T.).

Très-belle épreuve du premier état, avec l'adresse de *Martinus Vanden Enden*.

93 — Retour d'Égypte, d'après Rubens (B. 29 des sujets du N. T.).

Superbe épreuve du premier état, avec l'adresse de *Martinus Vanden Enden*.

94 — La Fille d'Hérodiade présentant la tête de saint Jean à sa mère, d'après Rubens (B. 41 des sujets du N.T.).

Belle épreuve tirée sur papier de soie.

95 — La Résurrection, d'après Rubens (B. 109 des sujets du N. T.).

Très-belle épreuve du premier état, avec l'adresse de *Martinus Vanden Enden*.

96 — Assomption de la Vierge, d'après Rubens (B. 4 des sujets de vierges).

Très-belle épreuve avec l'adresse de *Martinus Vanden Enden*; malheureusement elle a été découpée autour de l'ovale et remargée.

97 — Sainte Thérèse aux pieds de Jésus-Christ, d'après Rubens (B. 33 des sujets de saintes).

Superbe épreuve du premier état, avec l'adresse de *Martinus Vanden Enden*.

98 — Le Couronnement d'épines, d'après Antoine Van Dyck. Estampe connue sous le nom du *Christ au roseau*.

Superbe épreuve du premier état, avant les contretailles au vêtement et à la jambe gauche du second soldat qui est debout à la droite de l'estampe.

99 — Jésus-Christ recommandant sa mère à son disciple bien-aimé. Estampe connue sous le nom du *Christ à l'éponge.*

Superbe épreuve du premier état, avant la main de saint Jean sur l'épaule gauche de la Vierge, avant l'ombre portée sous le gros doigt du pied de l'homme qui présente l'éponge, avant les contre-tailles à la partie ombrée du corps et du bras droit du Christ, avant que l'ombre portée par l'os de mort qui est à terre ait été prolongée, et avant les travaux qui indiquent le fer au pied droit de devant du cheval. Très-rare.

100 — Mercure et Argus, d'après J. Jordaens.

Magnifique épreuve avant toutes lettres. Peut-être unique.

101 — Pan jouant de la flûte en gardant son troupeau, d'après J. Jordaens.

Superbe épreuve du premier état, avant l'adresse de *Blotcling.*

102 — Jupiter enfant, pleurant à côté d'une femme qui trait la chèvre Amalthée, d'après J. Jordaens.

Très-belle épreuve du premier état, avant l'adresse d'*A. Blotcling.*

103 — Un Concert, d'après J. Jordaens.

Très-belle épreuve.

104 — Le Reniement de saint Pierre, d'après G. Seghers.

Belle épreuve avec les mots *Cvm privilegio.*

BOTH (Jean)

105 — Le Pont de pierre (B. 5).

Superbe épreuve à l'eau-forte pure, non décrit par Bartsch, avant beaucoup de travaux dans le ciel, avant le nom du maître et avant le numéro. Très-rare. Collections de Vos et Verstolk de Soelen.

106 — La même estampe.

Belle épreuve avec le nom du maître, mais avant le numéro.

BRY (Jean-Théodore)

107 — Le Triomphe de Bacchus, d'après le Titien.
Très-belle épreuve.

BURNET (J.)

108 — *The blind fiddler* (le Joueur de violon), d'après D. Wilkie.
Très-belle épreuve avant la lettre, sur papier de Chine ; seulement le titre anglais, les noms d'auteurs et la dédicace tracés.

CALAMATTA (M.-Louis)

109 — Françoise de Rimini, d'après Ary Scheffer.
Belle épreuve avant la lettre, sur papier de Chine.

110 — Portrait de M. Guizot, d'après P. Delaroche.
Belle épreuve avant toutes lettres, sur papier de Chine.

111 — Portrait de M. le comte Molé, d'après M. Ingres.
Belle épreuve avant toutes lettres.

112 — Le Masque de Napoléon.
Belle épreuve avant la lettre, sur papier de Chine.

CALLOT (Jacques)

113 — La petite Vue de Paris (Cat. de M. Meaume, 711).
Très-belle épreuve du premier état, avant la vue du Pont-Neuf dans le fond et avant le nom de Callot.

114 — La même estampe.
Belle épreuve du deuxième état, avec l'adresse d'Israël.

CARON (Toussaint)

115 — Marguerite sortant de l'église, d'après A. Scheffer.

Superbe épreuve avant toutes lettres, sur papier de Chine, portant le n° 2.

116 — Le Christ au jardin des Oliviers, d'après Ary Scheffer.

Très-belle épreuve avant toutes lettres et de remarque.

CARRACHE (Augustin)

117 — Saint Jérôme (B. 75).

Belle épreuve avant les initiales P. — S. — F., c'est-à-dire : *Petri Steffanoni formis;* elle est doublée.

CLAESSENS (L.-A.)

118 — La Descente de croix, d'après Rubens.

Très-belle épreuve avant la lettre ; lettres tracées et avec toutes marges.

119 — La Femme hydropique, d'après G. Dow.

Très-belle épreuve avant toutes lettres.

120 — Le Denier de César, d'après Valentin.

Belle épreuve avant toutes lettres avec des essais de burin.

CLOUWET (Pierre)

121 — La Mort de saint Antoine, d'après Rubens (B. 1 des sujets de saints).

Superbe épreuve.

COLLIN (Richard)

122 — Portrait d'Antoine d'Ooms, d'après E. Quellinus.

Très-belle épreuve.

2

COUSINS (Samuel)

123 — La Dîme, d'après Edwin Landseer.

Superbe épreuve avant toutes lettres ; seulement les noms d'auteurs et la publication tracés à la pointe. Très-rare.

CRANACH (Lucas)

124 — Pénitence de saint Chrysostôme (B. 1).

Belle épreuve.

DALEN (Corneille Van)

125 — Pierre Arétin ; Jean Boccace ; Georges Barbarelli, dit le Giorgion ; Sébastien del Piombo. Quatre beaux portraits, d'après le Titien.

Superbes épreuves du premier état, avant toutes lettres.

126 — Portrait de Jean Boccace, d'après le Titien.

Très-belle épreuve avant la lettre ; elle a de la marge.

DAULLÉ (Jean)

127 — Maupertuis (Pierre-Louis Moreau de), célèbre voyageur, d'après Tournière.

Belle épreuve avant toutes lettres. Rare.

DE MARCENAY de GUY (Antoine)

128 — Portrait du maréchal de Turenne, d'après Ph. de Champagne.

Belle épreuve avant la lettre.

DESNOYERS (Louis-Boucher, baron)

129 — La Visitation, d'après Raphaël (L. B. 3).

Superbe épreuve avant toutes lettres, sur papier de Chine, portant une indication et la signature du baron Desnoyers constatant que cette épreuve est unique.

130 — La Vierge au poisson, d'après Raphaël (L. B. 5).

Superbe épreuve avant toutes lettres ; elle a une belle marge. Très-rare.

131 — La Vierge au berceau, d'après Raphaël (L. B. 6).

Superbe épreuve avant toutes lettres et avec toute sa marge. Très-rare.

132 — La Vierge à la chaise, d'après Raphaël (L. B. 7).

Très-belle épreuve avant la lettre, lettres grises, sur papier de Chine.

133 — La Vierge de la maison d'Albe, d'après Raphaël (L. B. 8).

Magnifique épreuve avant toutes lettres ; seulement le titre sur la tablette ; elle porte une indication constatant que c'est une première épreuve, et la signature de Desnoyers ; elle a une belle marge. Extrêmement rare.

134 — La Vierge au linge, d'après Raphaël (L. B. 157).

Rare épreuve avant toutes lettres ; mais elle n'est point entièrement terminée.

135 — La Vierge au donataire, dite de Foligno, d'après Raphaël (L. B. 11).

Magnifique épreuve avant toutes lettres et complétement terminée ; seulement avec le travail des angles au haut d'une seule taille, et avant que la bordure formant le cintre ait été renforcée ; elle a toute sa marge. De la plus grande rareté.

136 — La Vierge aux rochers, d'après Léonard du Vinci (L. B. 14).

Magnifique épreuve avant toutes lettres, avec toute sa marge. De la plus grande rareté.

137 — La Transfiguration, d'après Raphaël (L. B. 15).

Belle épreuve avant la lettre : seulement le titre et les noms d'auteurs tracés.

138 — Sainte Marguerite, d'après Raphaël (L. B. 18).

Superbe épreuve avant toutes lettres ; elle a toute sa marge. Très-rare.

139 — Les Muses et les Piérides, d'après Pietro Buonaccorsi (L. B. 26).

Superbe épreuve avant toutes lettres, sur papier de Chine, avec toutes marges. Très-rare.

140 — François Ier et Marguerite de Navarre, d'après Richard (L. B. 65).

Superbe épreuve avant toutes lettres, portant la signature de Desnoyers, avec toute sa marge. Très-rare.

141 — Napoléon Ier en manteau impérial, d'après Gérard (L. B. 67).

Superbe épreuve avant toutes lettres, seulement le nom de *Napoléon le Grand* sur la tablette au milieu de la bordure du bas ; elle a toute sa marge. Très-rare.
Collection Debois.

142 — Talleyrand Périgord (F.-M. de), prince de Bénévent, d'après F. Gérard (L. B. 71).

Superbe épreuve avant toutes lettres. Très-rare.

DOO (J.)

143 — Jeune Femme tenant un épagneul, d'après Henry Wyatt.

Belle épreuve avant la lettre, sur papier de Chine.

DREVET (Claude)

144 — Oswald (Henry), cardinal d'Auvergne, d'après Rigaud (L. B. 13).

Très-belle épreuve.

145 — Sinzendorf (Philippe-Louis, comte de), d'après
H. Rigaud (L. B. 14).

Superbe épreuve avant toutes lettres et avant les armes. Extrêmement rare.

146 — Vintimille (Charles-Gaspard de), archevêque de
Paris, d'après Rigaud (L. B. 16).

Très-belle épreuve du premier état, avant les contre-tailles à gauche
sur la bordure, près du milieu des cordons à glands; elle a de la marge.

DREVET (Pierre)

147 — Dangeau (Philippe de Courcillon, marquis de), d'après
H. Rigaud (L. B. 45).

Superbe épreuve du premier état, avant toutes lettres.

148 — Rigaud (Hyacinthe), peintre, d'après lui-même
(L. B. 102).

Superbe épreuve du premier état, avant la lettre; elle a une belle marge.
Rare en cet état.

149 — Würtemberg (Christine-Caroline), Margrave de
Brandebourg, duchesse de) (L. B. 118).

Très-belle épreuve avec toute sa marge.

DREVET (Pierre-Imbert)

150 — Rébecca reçoit les présents du serviteur d'Abraham,
d'après Antoine Coypel (L. B. 3).

Magnifique épreuve du premier état, avant toutes lettres, la bordure et
les armes. Unique en cet état. Collections Daudet, Schivaux et Dubois.

Nota. Une épreuve avant la lettre, mais avec la bordure, se trouve au
Cabinet des Estampes, à Paris. Elle a été payée mille francs à la vente
Dufresne, en 1812.

151 — Bossuet (Jacques-Bénigne), évêque de Meaux (L. B. 19).

Magnifique épreuve du premier état, avec les mots *Consterianus*, au lieu
de *Consistorianus; Trecenses*, au lieu de *Trecensis*, avant les contre-tailles,
sur le haut du fauteuil qui est à la droite de l'estampe. Épreuve dite au
fauteuil blanc. Extrêmement rare.

152 — Cotte (Robert de), d'après H. Rigaud (L. B. 23).

Très-belle épreuve du premier état, avant le mot *Architecte*.

153 — Adrienne Lecouvreur, d'après Coypel. (L. B. 31).

Superbe épreuve avant l'inscription dans la bordure et avant les quatre vers sur la console, c'est-à-dire avant la lettre. Extrèmement rare.

Nota. Toutes les inscriptions existent manuscrites.

154 — Orléans (Louise-Adélaïde d'), abbesse de Chelles, d'après Gobert (L. B. 37).

Superbe épreuve.

155 — Tressan (M. de), archevêque de Rouen, à genoux aux pieds de la sainte Vierge, d'après J.-B. Vanloo. Pour le titre d'un bréviaire (L. B. 44).

Très-belle épreuve.

DUPONT (M. Henriquel) et BLANCHARD (M.)

156 — Le Christ consolateur, le Christ rédempteur. Deux estampes faisant pendant, d'après Ary Scheffer.

Très-belles épreuves avant toutes lettres, sur papier de Chine; la deuxième est signée de Blanchard.

DUPONT (M.-Henriquel)

157 — Les saintes Femmes au tombeau du Christ, d'après Paul Delaroche.

Très-belle épreuve d'artiste, sur papier de Chine.

158 — Lord Strafford, d'après Paul Delaroche.

Très-belle épreuve avant toutes lettres, sur papier de Chine; toute marge.

159 — Gustave Vasa, d'après Hersent.

Superbe épreuve d'artiste, avec des essais de burin dans les marges; toute marge, ;

160 — Portrait d'une dame assise et de sa fille, d'après Van Dyck.

Très-belle épreuve d'artiste ; les noms d'auteurs, gravés à la pointe avec toutes marges.

161 — Molière, d'après M. Ingres.

Belle épreuve d'artiste, portant cette dédicace d'envoi : *A M. Erin Corr, son ami et confrère Henriquel.*

162 — Mirabeau à la tribune, d'après Paul Delaroche. Belle épreuve d'artiste. — Carle Vernet, d'après le même. Deux pièces.

163 — Pierre le Grand, d'après Paul Delaroche.

Belle épreuve avant la lettre et de remarque.

164 — Le marquis de Pastoret, d'après Paul Delaroche.

Belle épreuve d'artiste, sur papier de Chine, avec l'eau-forte.

DURER (ALBERT)

165 — Adam et Ève (B. 1).

Belle épreuve.

166 — La Vierge assise au pied d'une muraille (B. 40).

Superbe épreuve.

167 — Saint Hubert (B. 57).

Superbe épreuve ; malheureusement elle a une restauration au-dessus de la tête du cerf.

168 — Saint Jérôme dans sa cellule (B. 60).

Très-belle épreuve, avec la copie par J. Wierix.

169 — Saint Jérôme en pénitence (B. 61).

Très-belle épreuve.

170 — L'Effet de la Jalousie (B. 73).

Superbe épreuve.

180 / 171 — La Mélancolie (B. 74).
Superbe épreuve.

145 172 — La grande Fortune (B. 77).
Superbe épreuve.

92 / 173 — Les Armoiries à la tête de mort (B. 101).
Très-belle épreuve.

90 174 — Erasme de Rotterdam (B. 107).
Très-belle épreuve.

DUSART (Corneille)

82 175 — Fête de Village.
Belle et ancienne épreuve, avec marge.

DU VIVIER (G.)

2.50 176 — Cuisine flamande (R. D. 5).
Belle épreuve, avec marge.

SUBLEYRAS (Pierre)

177 — Le serpent d'airain (R. D. 2).
Belle épreuve du premier état, non décrit par M. Robert Dumesnil, avant l'inscription en deux lignes. Deux pièces.

DYCK (Antoine Van)

156 178 — Le Christ au roseau.
Superbe épreuve avant les mots *æqua forti*, après ceux de *Anton. Van Dyck, inuenit et fecit*. Très-rare.
Voir la description de l'œuvre de Ant. Van Dyck, par M. W.-H. Carpentier, conservateur du British Museum.

PORTRAITS D'APRÈS VAN DYCK

Gravés pour l'éditeur Martin Vanden Enden

Nous prévenons que les dix-huit portraits suivants sont tirés avec l'adresse de Martin Vanden Enden.

BOLSWERT (Schelte A.)

179 — Uranex (Sébastien) (Weber 7).

Superbe épreuve du premier état, avant le nom du graveur.

180 — Marguerite de Lorraine, femme de Gaston de France (8).

Très-belle épreuve de deuxième état.

DELF (Guillaume)

181 — Mirevelt (Michel) (9).

Très-belle épreuve du premier état, avec le nom de *Henri Hondius*, qui a été remplacé par celui *W.-J. Delphius*, le véritable graveur de ce portrait.

JODE (P. de, dit le Jeune)

182 — Halmalius (Paul) (16).

Très-belle épreuve du premier état, avant le nom du graveur.

183 — Urphé (Geneviève d') (25).

Très-belle épreuve du deuxième état.

184 — Wallenstein (Albert, comte de) (24).

Très-belle épreuve du premier état.

LAUWERS (Nicolas)

185 — Blancatcio (Frère Lelio) (26).

Très-belle épreuve du premier état.

PONTIUS (Paul)

186 — Frockas Perrera et Pimentel (don Emmanuel) (32).

Superbe épreuve du premier état.

187 — Gusman (Don Diégo Philippe de) (35).

Superbe épreuve du premier état.

188 — Hugens (Chevalier-Constantin), par Paul Pontius (38).

Très-belle épreuve du premier état.

189. — Miraeus (Aubert) (39).

Superbe épreuve du premier état.

190 — Pontius (Paul) (43).

Très-belle épreuve du troisième état, avec les initiales G. H.

191 — Steenwyck (Henri) (51).

Superbe épreuve du premier état, avant le nom du graveur.

STORCK (André)

192 — Snayers (Pierre) (57).

Superbe épreuve du premier état, avant le nom du graveur; elle a de la marge.

VOERST (Robert Van)

193 — Digbi (Sir Kenelme) (58).

Superbe épreuve du premier état.

VOSTERMAN (Lucas)

194 — Cachiopin (Jacques de) (62).

Belle épreuve du premier état, avant le nom du graveur, et avec le nom du personnage écrit *Cachopin*.

195 — Callot (Jacques) (63).

Superbe épreuve du premier état, avant le nom du graveur ; elle a de la marge.

196 — Spinola (Don Ambroise) (89).

Superbe épreuve du premier état.

197 — Marquis de Mirabelle, par A. Bloteling.

Très-belle épreuve.

198 — Helena Leonora de Sicuri, par C. Visscher.

Superbe épreuve.

199 — Autriche (Ferdinand, archiduc d'), par Adrien Lommelin.

Superbe épreuve avant toutes lettres d'un portrait non décrit par Weber. Très-rare.

200 — Marie d'Autriche, femme de l'empereur Ferdinand III, par C. Galle.

Très-belle épreuve du premier état, avant que l'adresse de *J. Meyssens* ait été effacée.

201 — Les dix Comtesses et les deux Comtes anglais. Suite de douze estampes, gravées par P. Lombart.

Très-belles épreuves avec marges.

EARLOM (R.)

202 — Fleurs et fruits, d'après Van Huysum.

Très-belles épreuves avant la lettre ; elles ont de la marge.

203 — La Madeleine aux pieds du Christ, d'après Rubens.

Belle épreuve avant la lettre.

204 — Les deux Avares, d'après Quentin Matsis.

Belle épreuve avant la lettre.

205 — L'Académie de Londres, d'après J. Zoffany.

Très-belle épreuve avant la lettre.

EDELINCK (Gérard)

206 — Moïse tenant les tables de la loi, d'après Ph. de
Champagne (R. D. 2). Cette estampe, commencée
par R. Nanteuil, a été terminée par G. Edelinck.

Superbe épreuve du premier état, avant les noms des artistes et la
dédicace à M. le président de Harlay. *Très-rare.*

207 — La Sainte Famille, d'après le tableau de Raphaël,
qui est au Musée du Louvre (R. D. 4).

Magnifique épreuve avant les armes de l'abbé Colbert, placées au bas
du milieu de l'estampe, qui ont été effacées dans les dernières épreuves ;
elle a une belle marge. Rare à rencontrer de cette qualité.

208 — Sainte Madeleine, d'après Ch. Le Brun (R. D. 32).
Chef-d'œuvre de gravure.

Superbe épreuve avant la lettre. Extrêmement rare.

209 — Le Combat des quatre cavaliers, d'après Léonard de
Vinci (R. D. 44).

Très-belle épreuve du premier état avant toutes lettres, avant les mots :
L. D'in finse pin. G. Edelinck sc., écrits au milieu du bas de l'estampe ;
Très-rare.

210 — Champagne (Philippe de), peintre du roi (R. D.
164).

Très-belle épreuve du premier état.

211 — Du Metz (Gédéon Berbier), président à la Chambre
des Comptes de Paris (R. D. 190).

Très-belle épreuve avant la lettre.

212 — Helyot (madame), (R. D. 223).

Très-belle épreuve du deuxième état, avant les mots : *et ex. cum pri.
regis.*, après le nom du graveur. Rare.

213 — Le Brun (Charles), premier peintre du roi (R. D. 238).

Très-rare épreuve d'un état inconnu à M. Robert Dumesnil, avant la lettre, les angles de l'ovale et les noms des artistes. Collection Scitivaux, Debois et Verstolk de Soelen. On ne connaît qu'une seule épreuve de cet état qui est au cabinet des estampes de la Bibliothèque impériale, à Paris.

214 — Louis XIV, roi de France, d'après Jean de la Haye (R. D. 256).

Superbe épreuve du premier état, avant l'inscription dans la marge. Très-rare.

215 — Toulouse (Louis-Alexandre de Bourbon, comte de), amiral de France (R. D. 329).

Très-belle épreuve.

ESTÈVE (M.-RICHARD)

216 — Le Frappement du rocher, d'après Murillo.

Superbe épreuve avant toutes lettres; seulement les noms d'auteurs tracés; elle est sur papier de Chine.

FELSING (J.)

217 — *Salvator Mundi*, d'après Léonard de Vinci.

Très-belle épreuve avant toutes lettres, sur papier de Chine.

FERDINAND (L.)

218 — Nicolas Poussin, d'après V. E.

Très-belle épreuve.

FICQUET (ÉTIENNE)

219 — Bossuet (Jacques-Bénigne), d'après Rigaud.

Très-belle épreuve avant la lettre d'un portrait rare. Cette planche n'a jamais été terminée.

220 — Corneille (Pierre), d'après Ch. Le Brun.

Très-rare épreuve avec tous les accessoires en dessous de l'ovale qui entourent le portrait, seulement au trait, avant les travaux de pointe entre les traits de l'ovale, avant le nom de Pierre Corneille sur l'écusson, et avant les noms des artistes.

221 — Descartes (René), d'après Francs Hals.

Très-belle épreuve non terminée, seulement l'ovale avant l'encadrement et les accessoires. De la plus grande rareté.

222 — Le même portrait.

Très-belle épreuve entièrement terminée avant les noms des artistes.

223 — Lafontaine (Jean de), d'après Rigaud.

Très-rare épreuve avant la bordure et les noms des artistes; elle est avant beaucoup de travaux, notamment sur la figure et la cravate du personnage, sur la guirlande au-dessus du cartouche où est représentée la fable du Loup et du Renard, lequel est aussi non terminé; la tablette au-dessus de l'ovale est restée blanche et avant le nom du personnage.

224 — Le Vayer (François de la Mothe), d'après Nanteuil.

Belle et très-rare épreuve avec tous les accessoires qui l'entourent; seulement à l'eau-forte et avant les noms des artistes.

225 — Molière (Jean-Baptiste Poquelin de), d'après Coypel.

Épreuve où la bordure qui entoure le portrait est le dessin original qui a servi à la gravure. Unique.

226 — Montaigne (Michel de), d'après Dumoustier.

Rare épreuve avant beaucoup de travaux, notamment sur la guirlande qui entoure l'ovale, avec la flamme qui sort du vase à la droite de l'estampe au trait et avec la médaille dont est décoré le personnage seulement indiquée.

Le même portrait. Epreuve avec la lettre.

227 — Maintenon (Françoise d'Aubigné, marquise de), d'après Mignard.

Toute première épreuve tirée avec un encadrement ovale différent de celui qui se trouve ordinairement; il est entouré de guirlandes de fleurs et est posé sur une console également différente, sur la face de laquelle sont les noms et qualités des personnages écrits en quatre lignes au lieu de deux, avant les noms des artistes. Extrêmement rare. Collection Revil.

228 — Le même portrait.

Très-belle épreuve avec l'encadrement changé; il a toutes les différentes désignées dans l'épreuve précédente; mais il est avant grand nombre de travaux, notamment sur les deux cartouches qui sont au haut et en bas de l'ovale et sur la fourrure du manteau du personnage. Aussi rare que le numéro précédent, et même collection.

229 — Le même portrait.

Epreuve entièrement terminée sur papier double.

FORSTER (M.-François)

230 — La Vierge au bas-relief, d'après Léonard de Vinci.

Très-belle épreuve avant la lettre, sur papier de Chine.

231 — La Vierge à la Légende, d'après Raphaël.

Superbe épreuve d'artiste, avant toutes lettres et la bordure, avec l'inscription à la pointe au milieu de la marge du bas de l'estampe : 13° ép. d'essai; elle est sur papier de Chine et en feuille. Rare.

232 — La Vierge de la maison d'Orléans, d'après Raphaël.

Très-belle épreuve d'artiste, avant toutes lettres, sur papier de Chine, avec l'inscription gravée à la pointe au milieu de la marge du bas : 7° ép. d'essai.

233 — Sainte Cécile, d'après Paul Delaroche.

Belle épreuve avant la lettre.

234 — Les trois Grâces, d'après Raphaël.

Belle épreuve avant la lettre, sur papier de Chine, portant le n° 58.

235 — Portrait de Raphaël, d'après lui-même.

Superbe épreuve d'artiste, avant toutes lettres et avec la tablette blanche au milieu du bas de la bordure; elle est sur papier de Chine et en feuille.

236 — Portrait de Raphaël à l'âge de quinze ans, d'après lui-même.

Belle épreuve d'artiste, avant toutes lettres; seulement le nom du graveur tracé à la pointe, avant la bordure et sur papier de Chine.

FRANÇOIS (ALPHONSE et JULES)

237 — La Tentation de Jésus-Christ, d'après Ary Scheffer.

Belle épreuve avant toutes lettres, sur papier deChine; elle porte une dédicace d'envoi et la signature de l'auteur.

238 — Pèlerins sur la place Saint-Pierre de Rome, d'après Paul Delaroche.

Belle épreuve avant toutes lettres, sur papier de Chine.

239 — Hébé, d'après Ary Scheffer.

Belle épreuve avant la lettre, sur papier de Chine.

240 — Mignon et son père, d'après Ary Scheffer.

Belle épreuve avant toutes lettres, sur papier de Chine, en feuille.

241 — Napoléon au mont Saint-Bernard, d'après Paul Delaroche.

Très-belle épreuve avant toutes lettres, dite d'artiste; elle est en feuille.

GARAVAGLIA (GIOVANNI)

242 — L'Assomption de la Vierge, d'après le Guide.

Cette belle estampe, commencée par Garavaglia, a été terminée par Anderloni.

Très-belle épreuve avant toutes lettres et de remarque, avec le bout de la clef qui est sur le livre au bas de l'estampe non terminée; elle a toute sa marge.

GIRARD (FRANÇOIS.)

243 — Richelieu allant à Lyon faire exécuter Cinq-Mars et de Thou. — Mazarin se faisant tirer les cartes par sa nièce. Deux sujets faisant pendants, d'après Paul Delaroche.

Belles épreuves avant la lettre. Rares.

244 — Le Duc d'Anjou, déclaré roi d'Espagne, d'après Johannot.

Belle épreuve d'artiste, avant toutes lettres.

GOLTZIUS (Henri)

245 — La sainte Vierge et saint Joseph montrant aux bergers l'Enfant Jésus qui vient de naître (B. 21). Trois épreuves.

Belles épreuves des trois états décrits par Bartsch.

246 — La Vierge pleurant sur le corps mort de Jésus-Christ, d'après A. Durer (B. 41).

Très-belle épreuve.

247 — Le Fils de Thierry Frisius, peintre hollandais. Il tient un oiseau sur le poing droit et veut monter sur un gros chien épagneul. Sujet connu sous le titre du *Chien de Goltzius* (B. 190).

Superbe épreuve. Collection de M. H. Dreux.

GRATELOUP (J.-B.)

248 — Suite de neuf portraits composant son œuvre : Bossuet en pied, d'après Rigaud; le même personnage à mi-corps; Fénelon, d'après Vivien; le cardinal de Polignac, d'après Rigaud; Descartes, d'ap. F. Hals; J.-B. Rousseau, d'après Aved; J. Dryden, d'après Kneller; Montesquieu, d'après Dassier; Adrienne Lecouvreur, d'après Coypel.

Superbes épreuves tirées sur papier de Chine. Collection rare à rencontrer complète.

HESS (Charles)

249 — Le Charlatan, d'après Gérard Dow.

Belle épreuve avant la lettre (lettres grises).

3

HEUSCH (Guillaume de, genre de)

250 — Paysage; vers la droite s'élèvent deux grands arbres, au milieu du bas on lit : De Heusch.

Belle épreuve.

HONDIUS (G.)

251 — Isabelle-Claire-Eugénie, infante d'Espagne et gouvernante des Pays-Bas, d'après Van Dyck.

Superbe épreuve.

HOUBRAKEN (J.)

252 — Portrait de Ferdinand Van Collen, bourgmestre d'Amsterdam.

Très-belle épreuve avant toutes lettres; plus, une épreuve du même portrait avec la lettre.

JODE (Pierre de, dit le Jeune)

253 — L'Ecce Homo, d'après Diepenbeke.

Belle épreuve du premier état, avec l'adresse de *Martinus Van den Enden.*

254 — La Folie tenant un hibou, d'après J. Jordaens.

Superbe épreuve.

JEGHER (Christophe)

255 — Hercule exterminant la Fureur et la Discorde, d'ap. Rubens (B. 14 des sujets de la Fable). Belle estampe gravée sur bois.

Superbe épreuve, avec P. P. Rub. delin et exc. cum privilegiis.

JESI (Samuel)

256 — Le pape Léon X, d'après Raphaël.

Très-belle épreuve avant toutes lettres, sur papier de Chine, signée du graveur et en feuille.

257 — La Vierge du palais Tempi, d'après Raphaël.

Très-belle épreuve avant toutes lettres, seulement le nom de Jesi tracé à pointe; en feuille.

258 — Portrait de Benvenuto Cellini.

Très-belle épreuve avant toutes lettres, sur papier de Chine; au milieu de la marge : *Prova p* Jesi inc.*

KELLER (Joseph)

250 — Les saintes Femmes au tombeau du Christ, d'après Ary Scheffer.

Très-belle épreuve avant toutes lettres; elle est signée du graveur

LE CLERC (S.)

260 — L'Académie des sciences et des beaux-arts.

Très-belle épreuve avant l'ombre de la droite et du bas de l'estampe, et avant le mot : *Chevalier R.* dans la dédicace au roi.

261 — Entrée d'Alexandre dans Babylone.

Très-belle épreuve de remarque, où Alexandre a la tête de profil.
Cette estampe fait pendant de la précédente elles sont rares à rencontrer en ces états.

LECOMTE (M. Narcisse)

262 — La Vierge à la perle, d'après Raphaël.

Très-belle épreuve d'artiste, avant toutes lettres et avec les deux points blancs sur le bord du berceau, dite épreuve de remarque; elle est sur papier de Chine et en feuille.

263 — Dante et Béatrice, d'après Ary Scheffer.

Très-belle épreuve avant la lettre, sur papier de Chine.

LEFÈVRE (M.-ACHILLE)

265 — Immaculée Conception, d'après Murillo.

Superbe épreuve avant toutes lettres, seulement les noms d'auteurs à la pointe; elle est sur papier de Chine et en feuille.

266 — La Nativité, d'après le Corrège. Sujet connu sous le nom de la *Nuit du Corrège*.

Superbe épreuve avant toutes lettres; seulement *Ach. Lefèvre fec. 1852*, tracé à la pointe; elle est sur papier de Chine.

266 — La Vierge et l'Enfant Jésus sur des nues; au-dessous, saint Sébastien, d'après le Corrège. Composition connue sous le nom du *Saint Sébastien du Corrège*.

Très-belle épreuve avant toutes lettres, seulement les noms d'auteurs tracés; elle est sur papier de Chine.

267 — L'Annonciation, d'après Murillo.

Très-belle épreuve d'artiste, seulement les noms d'auteurs tracés; elle est sur papier de Chine et en feuille.

268 — Jupiter et Antiope, d'après le Corrège.

Très-belle épreuve avant toutes lettres, dite d'artiste; signée *A. Lefèvre*, et sur papier de Chine.

269 — Portrait de la duchesse d'Orléans, d'après Wintherhalther.

Belle épreuve d'artiste.

LEFÈVRE ET COUSIN (S.)

270 — La Vierge et l'Enfant Jésus. — L'Immaculée Conception. 2 p.

Belles épreuves d'artistes, sur papier de Chine.

LE ROUX (M.-J.-M.)

271 — Jupiter et Léda, d'après Léonard de Vinci.

Belle épreuve avant la lettre, sur papier de Chine.

LE SUEUR (E.)

272 — Sainte Famille à mi-corps (R. D. 1ᵉʳ vol. p. 159).
Seule pièce gravée par le maître.

Très-belle épreuve. Rare.

LEYDE (Lucas de)

273 — La Résurrection de Lazare (B. 42).

Superbe épreuve, tirée sur papier au P gothique.

274 — Le moine Sergius tué par Mahomet (B. 126).

Très-belle épreuve, tirée sur papier au P gothique.

275 — La Conversion de saint Paul (B. 107). Pièce capitale
du maître.

Très-belle épreuve. Très-rare.

LIVENS (Jean)

276 — La Résurrection de Lazare (B. 3). Cl. 3,

Magnifique épreuve du premier état, à l'eau-forte pure, avant les travaux renforcés au burin dans les ombres du bas à gauche, avant les plantes sauvages à la voûte, et seulement avec les initiales J. L., qui ont été remplacées dans les épreuves postérieures par *J. Livens fecit.*, *Franc Vanden Wyngaerde ex.* De la plus grande rareté. Collection Robert Dumesnil.

LONGHI (Giuseppe)

277 — Le Mariage de la Vierge, d'après Raphaël.

Très-belle épreuve de souscription, portant le nᵉ 383 ; elle est en feuille.

278 — La Vision d'Ézéchiel, d'après Raphaël.

Belle épreuve avant la lettre, elle a toute sa marge.

279 — *La Madonna del lago* (la Vierge au lac), d'ap. Léonard de Vinci.

Belle épreuve avant la lettre, lettres tracées.

280 — *La Madonna del velo*, d'après Raphaël.

Très-belle épreuve avant toutes lettres, et avec des essais de burin dans les marges, de la planche commencée par Longhi et terminée par Toschi.

281 — La même estampe.

Belle épreuve avant la lettre, avec les armes et avec toutes marges.

282 — La Sainte Famille dite à la Bénédiction, d'après Raphaël.

Très-belle épreuve avant toutes lettres, seulement le nom de *Longhi* sc. tracé à la pointe; elle a toute sa marge.

283 — La même estampe.

Belle épreuve avant la lettre, lettres tracées.

284 — La Vierge à l'œillet, d'après Léonard de Vinci.

Très-belle épreuve avant toutes lettres, et en feuille.

285 — Repos en Égypte, d'après C. Procaccino.

Belle épreuve avant la lettre.

286 — La mise au tombeau, d'après D. Crespi.

Belle épreuve d'artiste, seulement les noms d'auteurs tracés à la pointe.

LORICHON (M.-Constant-Louis)

287 — La Vierge et l'Enfant Jésus, d'après Raphaël; dite la Vierge de *Brigde-Water*.

Très-belle épreuve avant la lettre, sur papier de Chine.

288 — Le Mariage de sainte Catherine, d'après le Corrège.

Très-belle épreuve avant la lettre, sur papier de Chine.

LUTZ (Pietro)

289 — La Madonna di san Francisco di Correggio.

Belle épreuve avant la lettre, lettres tracées, et avec toute sa marge.

MAITRE AUX INITIALES E. S.
DIT LE MAITRE DE L'AN 1466

290 — David tuant un lion (B. 4).

Superbe épreuve. De la plus grande rareté. Collections du comte de Fries et W. Esdaile.

291 — Saint Simon vu de face et assis sur un escabeau. Il est enveloppé d'une grande draperie, il tient une scie de la main gauche et de l'autre fait un geste. Estampe inconnue à Bartsch.

Haut. 140 mill. Larg. 96 mill.

Très-belle épreuve.

MAITRE ANONYME ALLEMAND
DU XVe SIÈCLE

292 — Jésus parmi les docteurs. Il est assis sous un baldaquin, tenant de la main droite le globe du monde et indiquant de l'autre une banderole avec les mots : *Ego sum via veritas*. Dix docteurs de la loi l'entourent, etc. Catalogue de M. Passavant, t. II, p. 213, nº 13.

Estampe très-rare.

MAITRE A L'ÉCREVISSE

293 — La Sépulture (B. 17).

Très-belle épreuve. Extrêmement rare. Bartsch n'a point connu cette estampe, et il l'a indiquée dans l'œuvre de ce maître probablement d'après un renseignement pour compléter la suite de la Passion, dont il n'a décrit que deux pièces.

MAITRE ANONYME

DU XVᵉ SIÈCLE

294 — La Descente de croix. Le Christ est assis sur le bord du tombeau et soutenu par la Vierge et saint Jean.

Estampe curieuse des commencements de la gravure.

MAITRE ANONYME ITALIEN

DU XVIIᵉ SIÈCLE

295 — Sainte Famille, d'après Raphaël.

Très-belle épreuve, avec l'adresse de *Nicolo Van Aelst*.

MANDEL

296 — Portrait de Charles Iᵉʳ, d'après Van Dyck.

Superbe épreuve avant toutes lettres, seulement la signature du graveur tracée à la pointe; elle est sur papier de Chine, et en feuille.

297 — Portrait de Ant. Van Dyck, d'après lui-même.

Très-belle épreuve avant toutes lettres, sur papier de Chine; signée du graveur.

298 — Portrait du Titien.

Très-belle épreuve avant toutes lettres, sur papier de Chine, et avec la tablette blanche au milieu de la bordure en bas, seulement le nom du graveur tracé à la pointe.

MANTEGNA (ANDRÉ)

299 — Les Soldats portant des trophées (B. 13).

Très-belle épreuve d'un premier état, inconnu à Bartsch, avant la colonne de séparation à la droite de l'estampe. Rare.

MARINUS (Ignace)

300 — L'Adoration des bergers, d'après J. Jordaens.

Très-belle épreuve du premier état, avant grand nombre de travaux dans toutes les parties de la planche, notamment sur la muraille et le pilier qui se voient dans le fond de la composition. Très-rare.

MARTIN (John)

301 — La Destruction de Babylone. — L'Incendie de So-
dôme. — Moïse frappant le rocher. — Josué arrê-
tant le soleil. — Le Déluge. Suite de cinq grandes
estampes.

Belles épreuves avant la lettre ; les trois dernières sont sur papier de Chine.

MARTINET (M.-Achille)

302 — La Vierge au Palmier, d'après Raphaël.

Très-belle épreuve avant toutes lettres, dite d'artiste, sur papier de Chine.

303 — La Vierge au Chardonneret, d'après Raphaël.

Très-belle épreuve avant toutes lettres, sur papier de Chine ; signée du graveur.

304 — La Vierge à la Rédemption, d'après Raphaël.

Belle épreuve d'artiste sur papier de Chine ; signée du graveur.

305 — Jésus et la Femme adultère, d'après M. Signol.

Belle épreuve avant la lettre, sur papier de Chine.

306 — Charles Ier insulté par ses gardes, d'après Paul Delaroche.

Très-belle épreuve avant toutes lettres, sur papier de Chine, avec la signature du graveur.

MASQUELIER (C.-L)

307 — La Mise au tombeau, d'après Raphaël.

Très-belle épreuve d'artiste avant toutes lettres, sur papier de Chine et en feuille.

308 — La Vierge, dite la Madonna del palazzo Colonna.

Belle épreuve avant la lettre.

MASSON (ANTOINE)

309 — Les Disciples d'Emmaüs, d'après le Titien (R. D. 5).

Très-belle épreuve avant le trait échappé au-dessus de l'arbre qui se voit près de la fabrique, au haut de la droite de l'estampe.

310 — Brisacier (Guillaume de), secrétaire des commandements de la reine (R. D. 15).

Très-belle épreuve du deuxième état, avec les mots : *Brisasier* pour *Brisacier* et *segrétaire* pour *secrétaire*.

311 — Le même portrait.

Belle épreuve.

312 — Colbert (Jacques-Nicolas), abbé du Bec (R. D. 19).

Très-belle épreuve.

313 — Cureau de la Chambre (Marin). (R. D. 24).

Très-belle épreuve du premier état avant des contre-tailles sur la joue gauche ; elle est doublée.

314 — Le même portrait.

Épreuve du troisième état, avec des contre-tailles sur toute la figure.

315 — Guise (Marie de Lorraine, duchesse de), princesse de Joinville (R. D. 32).

Très-belle épreuve avant le lapin, après le mot *Pinxit* et avec marge. Collection Debois.

316 — Harcourt (Henri de Lorraine, comte d'), d'après Mignard (R. D. 34).

Superbe épreuve du premier état, avant le n° 4, dans le haut de la marge à gauche et avant la taille échappée sur le front, près des cheveux, lors d la retouche de la planche.

MATHAM (Jacques)

317 — Portrait de Vander Heimbach.

Superbe épreuve avant la lettre. Rare.

MECKEN (Israel Van)

318 — La Résurrection (B. 20).

Très-belle épreuve.

319 — Lucrèce se donnant la mort (B. 168).

Très-belle épreuve, rare.

320 — Ecusson d'armes au garçon faisant la culbute (B. 194).

Très-belle épreuve, rare.

MEER DE JONGE (J.-Van der)

321 — La Brebis debout (B. 2).

Belle épreuve.

MEISSONNIER (M.)

322 — Marche de lansquenets.

Eau-forte inédite rare.

MERCURY (M.-Pierre)

323 — Sainte Amélie, reine de Hongrie, d'après Paul Delaroche.

Superbe épreuve d'artiste avant toutes lettres, portant la signature du graveur.

322 bis

324 — Portrait de Mme de Maintenon, d'après l'émail de Petitot, au Musée du Louvre.

Superbe épreuve avant toutes lettres et avant l'encadrement, sur papier de Chine.

325 — Le même portrait.

Superbe épreuve avec la lettre et avec l'encadrement, sur papier de Chine.

326 — Le même portrait.

Épreuve non terminée.

327 — Christophe Colomb.

Très-belle épreuve d'artiste avant la bordure, sur papier de Chine.

328 — Buste de Condorcet.

Belle épreuve avant toutes lettres. Très-rare.

329 — Torquato Tasso.

Très-rare épreuve avant le trait carré qui entoure le portrait, avant beaucoup de travaux et avant les noms des artistes.

329 *bis.* — Le même portrait.

Épreuve tirée sur papier de Chine.

MICHIELS (J.-B.)

330 — Le Christ mort sur les genoux de la Vierge, d'après D. Keyzer.

Belle épreuve d'artiste, sur papier de Chine.

MORGHEN (Raphael)

331 — La Cène, d'après Léonard de Vinci.

Magnifique épreuve avant le titre, la dédicace et les armes ; seulement les noms d'auteurs, tracés à la pointe, avec le plat non terminé, au-dessous de saint Jacques-le-Mineur, dite ainsi au Plat blanc. Extrêmement rare : elle a une marge de 150 millim. sur les côtés à partir du trait carré de la gravure, 170 millim. en haut et 360 millim. en bas, et elle provient des collections E. Durand et G. Walkers, d'Edimbourg.

332 — La Transfiguration, d'après Raphaël.

Superbe épreuve avant la lettre et les armes ; seulement le titre : *Et Transfiguratus est ante eos* et les noms d'auteurs tracés ; elle est à toutes marges.

333 — *Mater pulcræ dilectionis*. La Vierge dite au Chardon-neret, d'après Raphaël).

Très-belle épreuve avant la lettre ; lettres tracées ; elle a toute sa marge.

334 — *La Madonna del sacco*, d'après André del Sarte

Superbe épreuve avant toutes lettres. Rare.

335 — Mater divinæ gratiæ, d'après Garofalo.

Belle épreuve avant la lettre ; seulement les noms d'auteurs.

336 — Madonna col Bambino, d'après Louis Carrache.

Superbe épreuve avant toutes lettres, seulement les noms d'auteurs tracés.

336 *bis*. — La même estampe.

Épreuve avec la lettre.

337 — Sainte Famille, d'après Rubens.

Belle épreuve avant la lettre.

338 — La Madeleine en prière, d'apr. Murillo.

Superbe épreuve avant la lettre ; elle a toute sa marge. Très-rare.

339 — Saint Jean prêchant dans le désert, d'après Guido Reni.

Très-belle épreuve avant la lettre ; avec marge.

340 — Tête de Christ, d'après Léonard de Vinci.

Belle épreuve avant la lettre ; lettres tracées.

341 — Les Nymphes de Diane, armées d'arcs et de flèches, d'après le Dominiquin. — Apollon et les Muses sur le Parnasse, d'après Raphaël Mengs. Deux estampes faisant pendant.

Superbes épreuves avant toutes lettres ; à la première les noms d'auteurs tracés. Très-rares.

342 — Les trois Ages, d'après Gérard.

Superbe épreuve avant toutes lettres ; seulement les noms d'auteurs ; elle est sur papier de Chine.

343 — Loth et ses filles, d'après le Guerchin.

Belle épreuve avant la lettre, avec toutes marges.

344 — Angélique et Médor, d'après T. Matteini.

Belle épreuve avant la lettre.

345 — Portrait équestre du général François de Montcade, d'après Antoine Van Dyck (P. 152).

Superbe épreuve avant toutes lettres, d'une extrême rareté, et probablement unique.

346 — La Famille de Holstein-Beck, d'après Angelica Kaufmann.

Belle épreuve avant toutes lettres et avant les armes. Rare.

347 — Jeanne d'Aragon, d'après Raphaël.

Très-belle épreuve avant la lettre.

348 — La Fornarina, d'après Raphaël.

Très-belle épreuve avant la lettre ; lettres tracées et avec toute sa marge.

349 — Leonardo da Vinci, d'après lui-même.

Très-belle épreuve avant la lettre ; lettres tracées.

350 — Petit portrait de Dante Alighieri, d'après Tofanelli.

Très-belle épreuve avant toutes lettres, seulement les noms d'auteurs tracés à la pointe.

351 — Ludovico Ariosto, d'après P. Ermini.

Très-belle épreuve avant toute lettre ; seulement les noms d'auteurs ; elle est sur papier de Chine.

352 — Le même portrait.

Belle épreuve avant la lettre ; lettres tracées.

353 — Torquato Tasso, d'après P. Ermini.

Belle épreuve avant la lettre ; lettres tracées.

354 — Jean Volpato, célèbre graveur, d'après Ang. Kaufmann.

Très-belle épreuve avant la lettre; lettres tracées.

355 — Portrait de Louis XVIII, d'après S. Tofanelli.

Belle épreuve avant toutes lettres, avec toute sa marge.

356 — Portrait de Louis XVIII dans un médaillon.

Superbe épreuve avant toutes lettres et avec la tablette blanche.

357 — Le même portrait.

Très-belle épreuve avant la lettre, seulement le nom du graveur, tracé à
la pointe et avec la tablette terminée.

358 — Francesco Guicciardini.

Superbe épreuve d'artiste et avant l'encadrement.

358 *bis*. — Le même portrait.

Épreuve avant la lettre.

359 — Le Portrait de Trivulce de Milan.

Rare épreuve avant toutes lettres.

MORIN (Jean)

360 — Bentivoglio (Guido), cardinal, d'apr. Van Dyck (R.
D. 45). Chef-d'œuvre du graveur.

Magnifique épreuve. Rare à rencontrer de cette qualité.

361 — Camus (Jean-Pierre), évêque de Bellay, d'après Ph.
de Champagne (R. D. 49).

Très-belle épreuve.

362 — Franck (Jérôme), peintre (R. D. 52).

Très-belle épreuve.

363 — Grimberghe (Honorine de), comtesse de Bossu,
d'après Van Dyck (R. D. 56).

Très-belle épreuve.

364 — Harcourt (Henri de Lorraine, comte d'), d'apr. Ph. de Champagne (R. D. 58).

Très-belle épreuve.

365 — Jansenius (Corneille), évêque d'Ypres, d'après Ph. de Champagne (R. D. 61).

Superbe épreuve du premier état.

366 — Maugis des Granges (Pierre), d'après Ph. de Champagne (R. D. 67).

Superbe épreuve.

367 — Valois (Charles de), duc d'Angoulême, d'après Ph. de Champagne (R. D. 81).

Très-belle épreuve.

MULLER (Frédéric)

368 — *La Madonna di Sisto di Rafaele*, d'après le tableau de la galerie de Dresde.

Superbe épreuve avant toutes lettres et avant les auréoles. De la plus grande rareté.

369 — Saint Jean l'Évangéliste, d'après le Dominiquin.

Superbe épreuve avant la lettre; lettres tracées. Très-rare.

370 — La même estampe.

Très-belle épreuve tirée de l'édition de 1808.

371 — Adam et Ève, d'après Raphaël.

Belle épreuve avant toutes lettres.

MULLER (Jean-Gothard Von)

372 — La Vierge à la Chaise, d'après Raphaël.

Très-belle épreuve avant toutes lettres.

373 — Sainte Cécile, d'apr. le Dominiquin.
Très-belle épreuve avant toutes lettres, avec grandes marges.

374 — Portrait de Jérôme-Napoléon, d'après Mme Kinson.
Belle épreuve avant toutes lettres, plus une épreuve avec la lettre.

MULLER (Jean)

375 — Adoration des Mages.
Très-belle épreuve.

NANTEUIL (Robert)

376 — Anne d'Autriche, reine de France (R. D. 23).
Superbe épreuve. Collection F. Lousbergs.

377 — Bailleul (Louis de), président à mortier au Parlement de Paris (R. D. 27).
Très-belle épreuve du deuxième état, avec le millésime 1658.

378 — Barillon de Morangis (Antoine), conseiller d'État (R. D. 31).
Superbe épreuve.

379 — Beaumanoir de Lavardin (Philibert-Emmanuel de), évêque du Mans (R. D. 34).
Superbe épreuve du premier état ; elle a de la marge.

380 — Bellièvre (Pompone de), premier président au Parlement de Paris (R. D. 37), chef-d'œuvre de l'artiste, connu sous le nom de *Pompone*.
Très-belle épreuve doublée.

381 — Blanchard (François), abbé de Sainte-Geneviève (R. D. 39).
Belle épreuve du premier état.

382 — Boucherat (Louis), chancelier de France (R. D. 46).

Très-belle épreuve avant le guillemet à la suite de l'année.

383 — Bouillon (Emmanuel-Théodore de Latour-d'Auvergne, cardinal de) (R. D. 52).

Très-belle épreuve du premier état.

384 — Bragelone (Marie de), veuve de Claude le Bouthillier, surintendant des finances (R. D. 57).

Très-belle épreuve.

385 — Castelnau (Jacques, marquis de), maréchal de France (R. D. 58).

Très-belle épreuve, avec grandes marges.

386 — Chamillard (Gui), maître des requêtes de l'hôtel (R. D. 59).

Très-belle épreuve du deuxième état, avant les glands au rabat du personnage.

387 — Charles II, de Gonzague, duc de Mantoue (R. D. 62).

Très-belle épreuve.

388 — Charles V, de Lorraine (R. D. 63).

Très-belle épreuve.

389 — Chaubard (N.), conseiller au Parlement de Toulouse (R. D. 64).

Belle épreuve.

390 — Chavigny (Léon Le Bouthillier, comte de), ministre d'Etat (R. D. 66).

Belle épreuve.

391 — Clermont-Tonnerre (François de), évêque de Noyon (R. D. 68).

Très-belle épreuve du premier état.

392 — Colbert (Jean-Baptiste), contrôleur-général des finances (R. D. 71).

Très-belle épreuve du troisième état.

393 — Colbert (Jean-Baptiste), contrôleur-général des finances (R. D. 72).

Belle épreuve du deuxième état, avant que l'inscription sur la bordure ait été enlevée. Collection Gawet.

394 — Le même personnage (R. D. 75).

Très-belle épreuve du premier état, avant que la planche ait été réduite; elle est imprimée sur soie. Rare.

395 — Le même personnage (R. D. 76).

Superbe épreuve du deuxième état.
Nota. Il y a sept états de ce portrait.

396 — Dorieu (Jean), président en la Cour des aides (R. D. 84).

Superbe épreuve.

397 — Dulieu de Chenevoux (François-Antoine), maître des comptes (R. D. 85).

Belle épreuve.

398 — Dunois (Jean-Louis-Charles d'Orléans-Longueville, comte de) (R. D. 86).

Superbe épreuve.

399 — Enghien (Henri-Jules de Bourbon, duc d'), surnommé *Monsieur le Duc* (R. D. 90).

Superbe épreuve.

400 — Fouquet (Basile), abbé de Barbeaux (R. D. 97).

Belle épreuve.

401 — Guenault (François), médecin de la reine (R. D. 105).

Superbe épreuve.

102 — Guénégaud (Henri de), secrétaire d'État (R. D. 106).

Très-belle épreuve du premier état.

103 — La Chambre (Marin Cureau de), médecin du roi (R. D. 116).

Très-belle épreuve du deuxième état.

104 — La Meilleraye (Charles de la Porte, duc de), maréchal de France (R. D. 118).

Belle épreuve.

105 — Le Masle (Michel), chanoine de l'église de Paris (R. D. 126).

Superbe épreuve du premier état.

106 — Le Tellier (Michel), ministre d'État (R. D. 128).

Superbe épreuve.

107 — Le Tellier (Michel), ministre d'État (R. D. 131).

Superbe épreuve.

108 — Le Tellier (Charles-Maurice), archevêque de Reims (R. D. 138).

Très-belle épreuve du deuxième état.

109 — Le Vayer (François de la Mothe), conseiller d'État (R. D. 143).

Très-belle épreuve.

110 — Loret (Jean), poète (R. D. 150).

Très-belle épreuve.

111 — Louis XIV (R. D. 153).

Superbe épreuve.

112 — Louis XIV (R. D. 155).

Très-belle épreuve du premier état.

413 — Louis XIV (R. D. 158). Buste fort comme nature, entouré de trophées, d'après Ch. Lebrun, fait pour décorer la thèse d'Emmanuel-Théodore de la Tour d'Auvergne, cardinal de Bouillon.

Superbe épreuve du premier état, accompagnée de la thèse, gravée par Rousselet. Rare.

414 — Louise-Marie de Gonzague, reine de Pologne (R. D. 164).

Très-belle épreuve avec une petite marge. Collection Franck de Vienne.

415 — Mallier de Houssay (François), évêque de Troyes (R. D. 167).

Très-belle épreuve du deuxième état.

416 — Maridat de Serrières (Pierre de), conseiller au grand conseil (R. D. 168).

Superbe épreuve ; elle est signée au verso, P. Mariette, 1676, et elle provient de la Collection Franck.

417 — Marie-Jeanne-Baptiste de Savoie-Nemours, duchesse de Savoie (R. D. 169).

Très-belle épreuve du premier état.

418 — Marolles (Michel de), abbé de Villeloing (R. D. 171).

Superbe épreuve du premier état, avec marge.

419 — Mazarin (Jules), cardinal, ministre d'Etat (R. D. 174).

Belle épreuve du deuxième état.

420 — Le même personnage (R. D. 183).

Superbe épreuve. Rare.

421 — Mesgrigny (Jean de), premier président au Parlement de Provence (R. D. 190).

Belle épreuve du premier état.

422 — Molé (Edouard), président à mortier au Parlement (R. D. 193).

Superbe épreuve; elle a de la marge.

423 — Molé (Mathieu), garde des sceaux (R. D. 194).

Très-belle épreuve. Rare.

424 — Molé (François), abbé de Sainte-Croix de Bordeaux

Belle épreuve.

425 — Mouy (Henri de Lorraine, marquis de) (R. D. 197).

Belle épreuve du premier état.

426 — Nesmond (François-Théodore de), président à mortier au Parlement de Paris (R. D. 201).

Très-belle épreuve.

427 — Neufville (Ferdinand de), évêque de Chartres (R. D. 203).

Très-belle épreuve avant que l'année ait été convertie en 1658; elle a de la marge.

428 — Le même personnage.

Très-belle épreuve du deuxième état.
Nota. Il y a neuf états de ce portrait.

429 — Novion (Nicolas Potier de), premier président au Parlement de Paris (R. D. 205).

Belle épreuve du deuxième état.

430 — Ormesson (André Lefèvre d'), conseiller d'Etat (R. D. 209).

Très-belle épreuve du premier état, avec toutes marges.

431 — Péréfixe de Beaumont (Hardouin de), archevêque de Paris (R. D. 211).

Très-belle épreuve.

432 — Regnauldin (Claude), procureur général au grand Conseil (R. D. 216).

Superbe épreuve du premier état.

433 — Richelieu (Armand-Paul du Plessis, cardinal, duc de) (R. D. 218).

Très-belle épreuve du deuxième état. Rare.

434 — Servien (François), évêque de Bayeux (R. D. 225).

Très-belle épreuve du premier état, avant l'inscription sur la face de la console.

435 — Steenberghen (Jean-Baptiste Van), conseiller du roi au Conseil de Flandre (R. D. 226).

Superbe épreuve du premier état avant les abréviations *Nob. D. F.* avant le nom de *Duchastel pinxit.*

436 — Turenne (Henri de la Tour d'Auvergne, vicomte de), maréchal de France (R. D. 232).

Superbe épreuve, mais doublée, d'un premier état antérieur à celui décrit par M. Robert Dumesnil, avant les noms : *Henry de la Tour d'Auvergne, vicomte de Turenne* sur la bordure qui entoure le portrait et avant les noms des artistes sur la console. On ne connaît qu'une autre épreuve de cet état; elle se trouve dans la riche Collection de M. Dutuit, à Rouen.

437 — Le même portrait.

Très-belle épreuve du deuxième état décrit, avec les différences indiquées dans l'épreuve précédente.

438 — Le même personnage, buste fort comme nature (R. D. 233.

Superbe épreuve du deuxième état avant la petite barre après l'R du prénom de Nanteuil, et avant celle entre les mots *Privilegio* et *Regis.* Très-rare.

NEEFS (J.)

439 — Saint Michel foudroyant le Démon, d'après Rubens.

Très-belle épreuve de premier état, avec l'adresse de *Gillis Hendricx.* Collection F. Lousbergs.

NOORDT (J. Van)

440 — Un Troupeau composé de béliers, boucs, chèvres, deux bœufs et un chien, d'après P. de Laer.

Très-belle épreuve. Collections Wolterbeck et Verstolk de Soelen.

441 — Paysage avec ruines, dans lequel on voit un homme et une femme marchant ensemble, d'après P. Lasteman.

Très-belle épreuve. Collection Verstolk de Soelen.

PANNIER

442 — Portrait de Ant. Van Dyck, d'après lui-même.

Belle épreuve d'artiste, sur papier de Chine.

443 — Portrait de N. Poussin, d'après lui-même.

Belle épreuve d'artiste, sur papier de Chine.

PATER (Jean-Baptiste)

444 — Réunion de plusieurs personnages; les uns assis à terre, les autres debout.

Eau-forte du maître. Collection Van den Zande. Rare.

PENTCZ (Georges)

445 — Portrait de Jean-Frédéric, électeur de Saxe, surnommé le *Magnanime*. (B. 126).

Très-belle épreuve.

PERFETTI (Antonio)

446 — Sibylla Cumea, d'après le Dominicain.

Superbe épreuve de remarque avant toutes lettres, avant les armes et avant les notes sur la musique. Très-rare.

447 — Sibylla samia, d'après le Guerchin.

Superbe épreuve avant la lettre et les armes ; seulement les noms d'auteurs tracés. Elle porte cette dédicace de l'auteur : *All' egregio amico cav. Paolo Toschi. A. Perfetti.*

PESNE (Antoine)

448 — Les Sept Sacrements, d'après Nicolas Poussin (R. D. 20-26). Suite de sept estampes gravées en deux morceaux.

Superbes épreuves avant l'adresse : *A Paris, chez Audran, rue Saint-Jacques, aux Deux Piliers d'or. Avec Privil. du Roy* en avant du nom de Pesne. Très-rare en cet état.

449 — Portrait de François Langlois, dit Ciartres ou de Chartres (R. D. 97).

Très-belle épreuve du premier état, avant les noms et qualités du personnage. Rare.

PIGEOT et LACOUR

450 — Le Ménage hollandais, d'après G. Dow.

Belle épreuve d'artiste avant toutes lettres.

POILLY (N.)

451 — Portrait de Louis XIV dans un ovale entouré d'ornements, d'après Mignard.

Très-belle épreuve.

452 — Autre portrait de Louis XIV, dans un ovale entouré d'amours, et posé sur une console sur la face de laquelle est représentée l'Assemblée du Parlement, d'après Mignard.

Superbe épreuve.

PONTIUS (Paul)

453 — La Descente du Saint-Esprit sur la Vierge et les
Apôtres, d'après Rubens (B. 119 des sujets du
N. T.)

Très-belle épreuve, avec l'adresse du graveur.

454 — Assomption de la Vierge, d'après Rubens (B. 9 des
sujets de vierges).

Superbe épreuve portant au verso la signature de *P. Mariette* et la date
de 1672.

455 — Saint Roch intercédant pour les pestiférés, d'après
Rubens (B. 44 des sujets de saints).

Belle épreuve avec marge.

456 — Jésus-Christ mort, soutenu par la sainte Vierge,
d'après Van Dyck.

Superbe épreuve du premier état, avec le *Cum Privilegio*, et avant
l'adresse de *A. Bonenfant.*

457 — Le Roi boit, d'après J. Jordaens,

Superbe épreuve avant le n° 5, à la droite de la marge du bas.

458 — Gaspard de Gusman, comte d'Olivarès, d'après
Rubens (B. 70 des portraits).

Le portrait du personnage est peint par Vélasquez, et l'entourage par
Rubens.
Superbe épreuve.

459 — Jacques Roelans, d'après Willebords.

Très-belle épreuve avant la lettre.

PORPORATI (Charels)

460 — Petite fille tenant entre ses bras un carlin. Pièce
connue sous le nom de *la Petite Fille au Chien,*
d'après J.-B. Greuze.

Très-belle épreuve avant la lettre, elle est doublée. Collection Thorel.
Très-rare.

461 — Vénus caressant l'Amour, d'après Pompéo Battoni.

Très-belle épreuve avant la lettre et avec toute sa marge.

POTTER (Paul)

462 — Le Berger (B. 15).

Superbe épreuve du premier état, non décrit par Bartsch, avant le nom du maître, l'adresse de Clément et le n° 2, écrit à rebours, vers la gauche du bas. Extrêmement rare.

RAIMBACH

463 — *Village politicians* (politiques de village), d'après Wilkie.

Superbe épreuve avant la lettre et avant les armes, sur papier de Chine, seulement le titre anglais, les noms d'auteurs et la dédicace tracés.

RAIMONDI (Marc-Antoine)

464 — Alexandre faisant déposer les livres d'Homère dans la cassette de Darius (B. 207).

Belle épreuve.

REMBRANDT (Paul, dit Van RHYN)

465 — Jésus-Christ prêchant, ou la Petite Tombe (B. 67). Cl. 71.

Ancienne épreuve avec quelques barbes à la manche du Juif debout à la gauche de l'estampe.

466 — Jésus-Christ guérissant les malades, ou la pièce de Cent Florins (B. 74). Cl. 78.

Belle épreuve du deuxième état, avec la voûte du fond encore apparente.

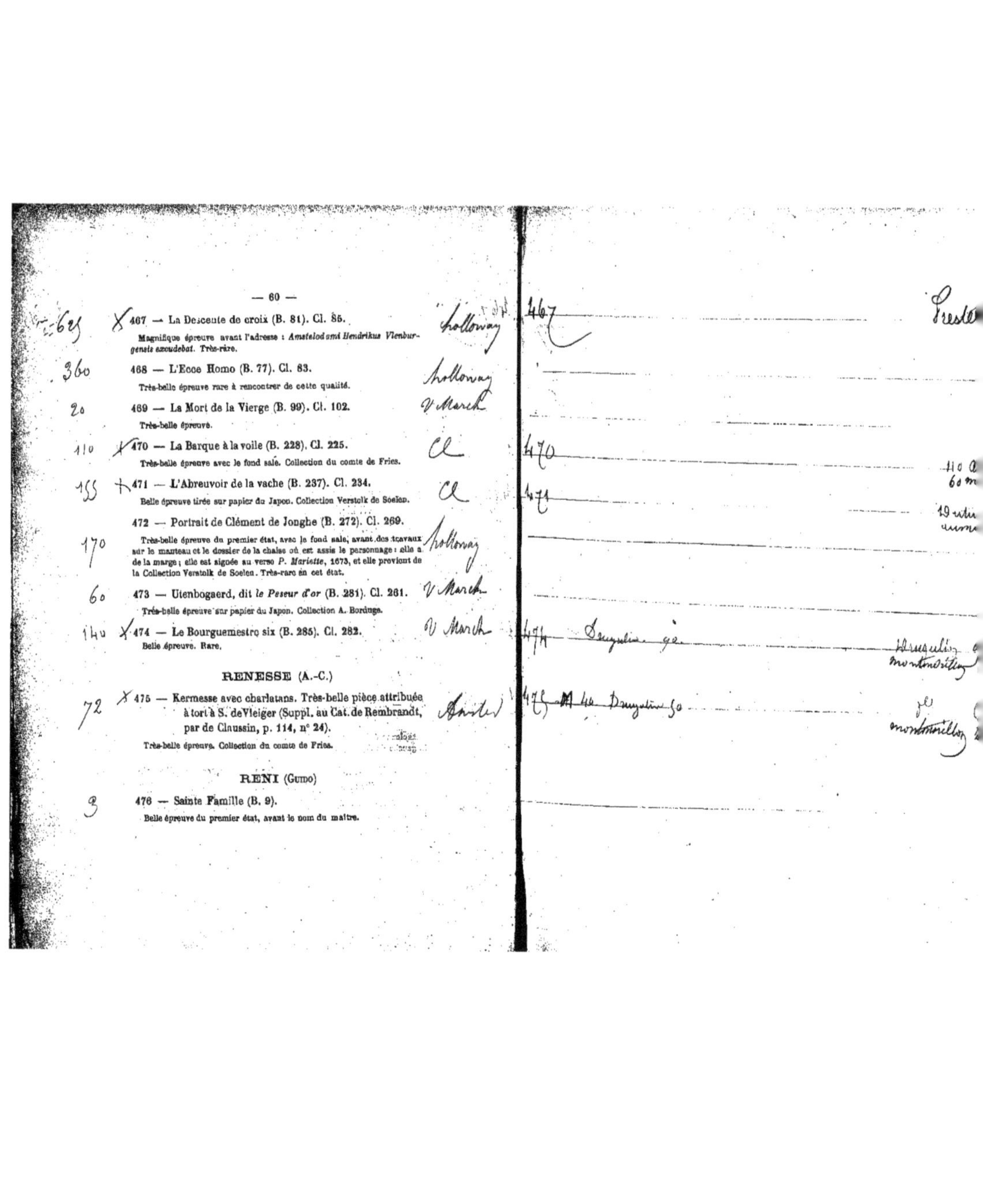

467 — La Descente de croix (B. 81). Cl. 85.

Magnifique épreuve avant l'adresse : *Amstelodami Hendrikus Vlenburgensis excudebat*. Très-rare.

468 — L'Ecce Homo (B. 77). Cl. 83.

Très-belle épreuve rare à rencontrer de cette qualité.

469 — La Mort de la Vierge (B. 99). Cl. 102.

Très-belle épreuve.

470 — La Barque à la voile (B. 228). Cl. 225.

Très-belle épreuve avec le fond salé. Collection du comte de Fries.

471 — L'Abreuvoir de la vache (B. 237). Cl. 234.

Belle épreuve tirée sur papier du Japon. Collection Verstolk de Soelen.

472 — Portrait de Clément de Jonghe (B. 272). Cl. 269.

Très-belle épreuve du premier état, avec le fond salé, avant des travaux sur le manteau et le dossier de la chaise où est assis le personnage : elle a de la marge ; elle est signée au verso *P. Mariette*, 1673, et elle provient de la Collection Verstolk de Soelen. Très-rare en cet état.

473 — Utenbogaerd, dit *le Peseur d'or* (B. 281). Cl. 261.

Très-belle épreuve sur papier du Japon. Collection A. Borduge.

474 — Le Bourguemestre six (B. 285). Cl. 282.
Belle épreuve. Rare.

RENESSE (A.-C.)

475 — Kermesse avec charlatans. Très-belle pièce attribuée à tort à S. deVleiger (Suppl. au Cat. de Rembrandt, par de Claussin, p. 114, n° 24).

Très-belle épreuve. Collection du comte de Fries.

RENI (Guido)

476 — Sainte Famille (B. 9).

Belle épreuve du premier état, avant le nom du maître.

RICHOMME (Joseph-Théodore)

477 — La Sainte Famille, d'après Raphaël.

Superbe épreuve avant toutes lettres; seulement les noms d'artiste tracés à la pointe. Elle est sur papier de Chine. Très-rare.

478 — La même estampe.

Épreuve d'essai, non terminée.

479 — Triomphe de Galathée, d'après Raphaël.

Très-belle épreuve avant la lettre; lettres tracées.

480 — Le silence de la Vierge, d'après A. Carrache.

Belle épreuve d'artiste, avec la bordure tracée et un petit essai de paysage au bas de la droite de l'estampe; elle est sur papier de Chine.

481 — Henri IV et sa famille, d'après M. Ingres.

Belle épreuve avant toutes lettres; seulement, les noms d'auteurs tracés à la pointe. Elle est sur papier de Chine et en feuille.

482 — Portrait de Napoléon, d'après Gérard.

Belle épreuve avant la lettre.

ROBETTA

483 — L'Adoration des rois (B. 6).

Très-belle épreuve.

ROTA (Martin)

484 — Le Jugement universel (B. 28).

Très-belle épreuve du premier état, avec l'adresse de *Lucæ Guarinony formis*, qui plus tard a été remplacée par une tablette. Rare.

ROULLET (Jean-Louis)

485 — Portrait de Jacques Louis, marquis de Beringhen, d'après Mignard.

Très-belle épreuve du premier état, avant les armes terminées.
Une seconde épreuve avec les armes terminées.

RUBENS (Attribué à P.-P.)

486 — La Sainte Vierge tenant sur ses genoux l'Enfant Jésus auquel saint Jean présente une corbeille de fruits (B. 38 des sujets de vierges).

Très-belle épreuve. Extrêmement rare.

SAVART (Pierre)

487 — Bayle (Pierre).

Très-belle épreuve avant les noms des artistes. Rare.

SAUNDERS (J.)

488 — La Piété, grande composition, d'après Fra Bartholomeo.

Belle épreuve avant la lettre, avec toutes marges.

SCHARP (William)

489 — Sainte Madeleine, d'après Guido Reni.

Belle épreuve avant la lettre; lettres tracées. Collection W. Esdaile.

490 — Didon, d'après le Dominicain.

Très-belle épreuve avant la lettre; seulement, les noms d'auteurs et la publication tracés à la pointe.

491 — Psyché.

Belle épreuve avant la lettre; lettres tracées. Elle a de la marge.

492 — La Sorcière d'Endor, d'après B. West.

Belle épreuve avant la lettre, les noms d'auteurs tracés.

SCHIAVONNI (Natale)

493 — L'Assomption de la Vierge, d'après le Titien.

Magnifique épreuve avant toutes lettres, avec toutes marges. Très-rare.

SCHMIDT (G.-F.)

494 — Portrait de P. Mignard, d'après Rigaud.

Superbe épreuve du premier état, avant l'astérisque au milieu de la marge du bas.

495 — Portrait de J.-J. Wille en médaillon. Buste de Voltaire pour un frontispice de livre, par Wille. 2 p.

Belles épreuves avant la lettre.

496 — Deux portraits de Rembrandt, jeune et vieux, d'après ce maître ; plus la copie du *Peseur d'or*, par J. Hazart. 3 p.

Belles épreuves.

SCHONGAUER (Martin)

497 — Le Baptême du Christ (B. 8).

Très-belle épreuve. Rare.

498 — Le Portement de croix (B. 21). Pièce capitale du maître.

Très-belle épreuve ; malheureusement, elle est mal conservée et elle est doublée.

499 — Saint Antoine tourmenté par les démons et porté en l'air (B. 47).

Magnifique épreuve d'un premier état, non décrit par Bartsch ; elle est avant la prolongation des petits traits horizontaux jusqu'au milieu de l'estampe, à gauche, et avant plusieurs autres intercalés dans le haut. Très-rare à rencontrer de cette condition.

Une épreuve pareille à celle-ci a été vendue 2,500 fr. à la vente du chevalier D***, de Milan, en 1860.

500 — La Vierge sur un trône auprès de Dieu (B. 71).

Superbe épreuve. Rare.

501 — La *première* des vierges sages (B. 77).

Superbe épreuve.

502 — *La seconde* des vierges sages (B. 78).
Belle épreuve.

503 — *La quatrième* des vierges sages (B. 80).
Superbe épreuve.

504 — *La cinquième* des vierges sages (B. 81).
Superbe épreuve, mais elle est doublée.

505 — *La première* des vierges folles (B. 82).
Belle épreuve.

506 — *La seconde* des vierges folles (B. 83).
Très-belle épreuve.

507 — *La quatrième* des vierges folles (B. 85).
Très-belle épreuve.

508 — *La cinquième* des vierges folles (B. 86).
Superbe épreuve. Ces huit estampes sont très-rares.

509 — Jésus-Christ au milieu de six anges (B. appendice n° 6).
Très-belle épreuve.

SCHUPPEN (Pierre Van)

510 — Anne de Courtenay, dame de Rosny et de Bontin.
Très-belle épreuve.

511 — Louvois (François-Michel Letellier, marquis de), ministre d'État.
Superbe épreuve.

512 — La Reynie (G.-N. de), maître des requêtes, d'après Mignard.
Très-belle épreuve.

SMITH (Samuel)

513 — Moïse sauvé des eaux, d'après Zuccharelli.

Belle épreuve avant toutes lettres.

STEINLA (Maurizio)

514 — Jésus-Christ mort soutenu par la sainte Vierge et saint Jean, d'après Fra Bartolomeo.

Très-belle épreuve avant toutes lettres et les armes ; elle a toute sa marge. Rare.

515 — *Sanctissima mater Dei*. Les personnages qui sont à droite et à gauche de la Vierge sont le bourgmestre Meier, sa femme et ses enfants, d'après Holbein.

Superbe épreuve avant toutes lettres, sur papier de Chine. Très-rare.

STRANGE (Robert)

516 — Charles Ier, roi de la Grande-Bretagne, en pied et en manteau royal, d'après Van Dyck.

Superbe épreuve avant toutes lettres. Extrêmement rare ; elle est doublée.

517 — Le même portrait.

Très-belle épreuve avec toutes marges.

518 — Charles Ier, roi de la Grande-Bretagne, en pied près de son cheval, d'après Antoine Van Dyck.

Magnifique épreuve avant toutes lettres. Très-rare.

519 — Henriette d'Angleterre, femme de Charles Ier, et ses enfants, d'après Antoine Van Dyck.

Superbe épreuve avant toutes lettres, avec toute sa marge. Collection Debois.

520 — L'Enfant Jésus dormant, d'après Van Dyck.

Superbe épreuve du premier état, avant toutes lettres. Très-rare.

521 — Saint Jérôme, d'après le Corrège.

Très-belle épreuve.

522 — La Fortune et l'Amour, d'après Guido Reni.

Superbe épreuve avant toutes lettres et avec toute sa marge. Très-rare.

523 — Didon après le départ d'Énée se poignarde sur un bûcher, d'après Le Guerchin.

Rare épreuve avant la lettre.

SUBLEYRAS (Pierre)

524 — Le Serpent d'airain (R. D. 2).

Belle épreuve du premier état, non décrit par M. Robert Dumesnil, avant l'inscription en deux lignes : *Tabula a Petro Subleyras Paristis, etc., etc.* Rare en cet état.

SUYDERHOEF (Jonas)

525 — Johann Hoornbecck (J. W. 40).

Superbe épreuve avec l'adresse de *Piéter Goos*, qui plus tard, a été remplacée par celle de *Clément de Jonghe.*

526 — David Nuyts (J. W. 61).

Magnifique épreuve du deuxième état, avec les traces de l'inscription du legs fait par le personnage encore apparentes.

527 — Godard Van Rede. (J. W. 69).

Très-belle épreuve du deuxième état, avant l'adresse de *Romb. v. d. Hoye.* Collection du comte de Fries.

528 — Jacob de Revos, d'après F. Hals (J. W. 71).

Très-belle épreuve.

529 — Tegularius, d'après F. Hals (J. W. 88).

Superbe épreuve.

530 — Bacchus ivre, soutenu par un satyre et par un maure (B. 78 des sujets de la fable). (J. W. 100).

Superbe épreuve du premier état, avec l'adresse de *P. Soutman*, qui plus tard a été remplacée par celle de *Clément de Jonghe*. Collection Van den Zande.

531 — La Querelle des joueurs, d'après G. Terburg (J. W. 122).

Superbe épreuve du premier état avant la lettre et l'adresse de *Clément de Jonghe*. Rare. Collection Verstolk de Soelen.

532 — La Querelle des paysans, ou le Coup de couteau d'après A. Van Ostade (J. W. 127).

Superbe épreuve avant l'adresse de *Clément de Jonghe*. Rare.

TARDIEU

533 — La Communion de saint Jérôme, d'après le Dominiquin.

Superbe épreuve avant toutes lettres, avec toutes marges. Rare.

THEVÉNIN (M.-J.-C.)

534 — Portrait de Rossini.

Belle épreuve d'artiste sur papier de Chine.

TOSCHI (Paul)

535 — *Lo Spasimo di Sicilia*, d'après Raphaël.

Superbe épreuve avant toutes lettres, sur papier de Chine, aussi avant les lettres S. P. Q. R. sur l'étendard que tient l'homme à cheval à la gauche de l'estampe et avec des essais de burin dans la marge. Très-rare.

536 — La Descente de croix, d'après Daniel de Volterre.

Superbe épreuve avant toutes lettres, sur papier de Chine, avec des essais de burin dans la marge et avec la cheville blanche sur le bout droit de la croix.

537 — *La Madonna della Tenda*, d'après Raphaël.

Toute première et superbe épreuve avant toutes lettres, sur papier de Chine, et avec des essais de burin sur les marges ; en feuille.

538 — La même estampe.

Belle épreuve avant la lettre; lettres tracées.

539 — *La Madonna della Scala*, d'après le Corrège.

Superbe épreuve avant toutes lettres, et avec une figure de muse gravée à l'eau-forte, au milieu de la marge à gauche de l'estampe. Très-rare; elle est en feuille.

540 — *La Madonna della Scodella*, d'après le Corrège.

Superbe épreuve avant toutes lettres, avec toute sa marge.

541 — Entrée de Henri IV dans Paris, d'après Gérard.

Magnifique épreuve avant toutes lettres, avant les tailles sur le collet de l'homme qui est à gauche, le plus près du bord de l'estampe, et avant les travaux sur la lettre H, qui se trouve sur l'étendard à la droite. Epreuve dite de remarque, signée de l'auteur, sur papier de Chine et en feuille. Très-rare de cette qualité.

ULIET (J.-G. Van)

542 — Saint Jérôme, d'après Rembrandt (B. 13). Cl. 13. Pièce capitale du maître.

Superbe épreuve du premier état, non décrit, avant l'adresse de Danckerts Dancherts, au-dessous de l'année 1631. Collection du comte de Frias.

VISSCHER (Corneille)

543 — Le Christ descendu de la croix, d'après le Tintoret (Basan 4, des sujets divers).

Très-belle épreuve avant la lettre. Collections Verstolk et Thorel.

544 — Le Couronnement de la Vierge, d'après Rubens (0).

Très-belle épreuve avant les noms des artistes. Collection Verstolk de Soelen.

545 — Les quatre Évangélistes. Suite de quatre estampes (10).

Très-belles épreuves. Collections Verstolk de Soelen et Thorel.

546 — Le Jugement dernier, d'après Rubens (13).

Très-belle épreuve du premier état, avant l'adresse de *Soutman*. Collections Ottley, Verstolk de Soelen et Thorel.

547 — Le Joueur de vielle, accompagné de cinq enfants, d'après A. Van Ostade (15).

Belle épreuve.

548 — Le Marchand de Mort-aux-rats (16).

Superbe épreuve avant la lettre. Très-rare.

549 — Un Homme et une Femme dans une tabagie, d'après A. Van Ostade (25).

Très-belle épreuve, avec une petite marge.

550 — Portrait de vieille coiffée et que l'on dit être la mère de Visscher (26).

Très-belle épreuve avant toutes lettres. Collection Verstolk de Soelen.

551 — L'Antiquaire. (30).

Superbe épreuve.

552 — Le Grand Chat (51).

Belle épreuve avant l'adresse de *Jean Visscher*.

553 — Buste de femme, d'après F. Mazzuoli dit le Parmesan.

Très-belle épreuve avant la lettre. Collections Ploos Van Amstel et Verstolk de Soelen.

554 — Portrait de André Deonyzoon-Winius, commissaire du grand duc de Moscovie, dit *l'Homme au pistolet*. (Busan 3, des portraits).

Superbe épreuve du premier état, avant les tailles et l'écriture tracées sur la feuille que tient le personnage, et avant le chiffre **1000** sur le tonneau placé derrière lui. De la plus grande rareté. Collections Révil et Verstolk de Soelen.

555 — Gellius Bouma, ministre de l'Évangile à Zupten (4).

Très-belle épreuve du deuxième état, avant l'année 1856. Collection Lousbergs.

556 — Un Berger caressant une fille, d'après de Laer.

Très-belle épreuve d'une pièce extrêmement rare. Collections Van Leyden, de Fries et Verstolk de Soelen.

VISCHER (Lambert)

557 — Jean de Witt, grand pensionnaire de Hollande.

Très-belle épreuve du premier état, où le personnage est représenté seul dans la salle des États de Hollande ; dans les épreuves postérieures la vue de cette salle a été remplacée par le portrait de son frère. Rare.

VOSTERMAN (Lucas)

558 — Trois Anges pleurant à la vue du corps mort de Jésus-Christ, d'après Ant. Van Dyck, chef-d'œuvre du graveur.

Magnifique épreuve avant la troisième ligne : *Per illustri apud Domino D. Georgio Gayi*, etc., qui se trouve au-dessous des six vers. Extrêmement rare. Collection E. Durand.

559 — Nativité, d'après Rubens (Basan 5 des sujets du N. T.).

Très-belle épreuve, Collection F. Lousbergs.

560 — Adoration des rois, d'après Rubens (Basan 33 des sujets du N. T.). Ce morceau est un des plus beaux de l'œuvre de Vosterman.

Très-belle épreuve. Collection F. Lousbergs ; elle est doublée.

561 — La Descente de croix, d'après Rubens (B. 30 des sujets du N. T.).

Superbe épreuve du premier état, avant les adresses de G. *Huberti et de Corn. Van Merlen.* Collections Nau et A. Borduge.

562 — La Bataille des paysans, gravé d'après un dessin de Rubens, fait d'après P. Breughel (B. 59 des sujets allégoriques).

Superbe épreuve.

563 — Le Christ mis au tombeau, d'après Raphaël.

Très-belle épreuve.

564 — Bran (Jérôme de) d'après J. Livens.

Superbe épreuve du premier état, avec l'inscription en lettres italiques : *Dom Jeronimo de Bran, capitaneo,* etc., etc., qui a été remplacée en lettres majeures, par celle-ci : *Prenobili ac generoso Domino Hieronymo de Bran,* etc , etc.

WEBER (M.-Frédéric)

565 — La Vierge au Linge, d'après Raphaël.

Belle épreuve avant la lettre, sur papier de Chine; elle est signée de l'auteur et porte l'indication que c'est son épreuve d'exposition.

566 — Portrait de Holbein, d'après lui-même.

Très-belle épreuve avant la lettre, sur papier de Chine.

WILLE (Jean-Georges)

567 — Agar présentée à Abraham par Sara (L. B. 1).

Très-belle épreuve du premier état, avant toutes lettres et les armes, sur papier de Chine. Collection Verstolk de Soelen.

568 — La Mort de Marc-Antoine, d'après P. Battoni (4).

Belle épreuve d'un état antérieur au premier décrit, avant toutes lettres et avant les armes ; elle a une belle marge. Collection Verstolk de Soelen.

569 — La Mort de Cléopâtre, d'après G. Netscher (5).

Superbe épreuve du premier état, avant toutes lettres, les armes, la bordure et avec toute sa marge. De la plus grande rareté. Collection Verstolk de Soelen.

570 — Le Maréchal-des-logis, d'après **P. A. Wille** (14).

Épreuve du premier état, avant toutes lettres, la bordure et les armes, avant divers travaux, notamment sur la figure de la femme et avec la croix blanche qui est sous ses pieds. Très-rare,

571 — Les Musiciens ambulants, d'après C. G. E. Dietricy (52).

Magnifique épreuve du premier état, avant toutes lettres et avant les armes. Extrêmement rare. Collection Verstolk de Soelen.

572 — Les Offres réciproques d'après C. G. E. Dietricy (53).

Superbe épreuve du premier état, avant toutes lettres, avant les armes, et avec un essai de paysage au bas de la marge à droite. Extrêmement rare. Collection Verstolk de Soelen.

573 — Le Concert de famille, d'après G. Schalken (54).

Superbe épreuve d'un état antérieur au premier décrit, avant toutes lettres et avant les armes. Très rare. Collection Verstolk de Soelen.

574 — L'Instruction paternelle, d'après G. Terburg (55),

Magnifique épreuve d'un état antérieur au premier décrit, avant toutes lettres, les armes, avec la bordure carrée; c'est-à-dire avant l'échancrure faite au bas du milieu de la planche pour mettre les armes, et avant les noms de *Wille* et les mots *Elfte plate* au haut de la planche. Extrêmement rare. Collection Verstolk de Soelen.

575 — Les Délices maternelles, d'après P. A. Wille (58).

Très-belle épreuve d'un état antérieur au premier décrit, avant toutes lettres et les armes.

576 — La Tante de Gérard Dow, d'après Gérard Dow (60).

Très-belle épreuve avant toutes lettres, les armes, et d'un état intermédiaire entre le premier et le second décrits, avant le numéro d'ordre 24ᵗᵉ *pl.* et l'année 1780. Rare.

577 — La Dévideuse, d'après Gérard Dow (61).

Très-belle épreuve du premier état, avant toutes lettres et avant les armes; elle a de la marge.

578 — La Ménagère hollandaise, d'après Gérard Dow (63).

Superbe épreuve du premier état, avant toutes lettres et avant les armes. Très-rare.

579 — Le Petit Physicien, d'après G. Netscher (66).

Très-belle épreuve avant toutes lettres et avant les armes, et d'un état antérieur au premier décrit. Extrêmement rare. Elle a de la marge. Collection Verstolk de Soelen.

580 — La Gazetière hollandaise, d'après G. Terburg (68).

Très belle épreuve du premier état, avant la lettre.

581 — La Petite Écolière, d'après E. Scheneau (69).

Très-belle épreuve du premier état, avant les armes; elle a une belle marge. Collection Verstolk de Soelen.

582 — La Maîtresse d'école, d'après P.-A. Wille (70).

Très-belle épreuve du premier état, avant les armes; elle a une belle marge. Collection Verstolk de Soelen.

583 — La Bonne Femme de Normandie, d'après P.-A. Wille (71).

Superbe épreuve avant toutes lettres et les armes, et d'un état intermédiaire entre le premier et le second décrits; elle a de la marge. Collection Verstolk de Soelen.

584 — Tencin (Pierre de), cardinal archevêque de Lyon, d'après E. Parrocel (109).

Superbe épreuve avant la lettre, et d'un état antérieur au premier décrit, avec les armes seulement au trait. Très-rare.

585 — Phelypeaux, comte de Saint-Florentin, ministre de la maison du roi, d'après L. Tocqué (124).

Magnifique épreuve d'un état antérieur au premier décrit, avant toutes lettres, avant la bordure, avec un bivouac militaire et des griffonnements gravés à l'eau-forte au bas de la marge à gauche et vers le milieu de la planche; elle a de la marge et elle est d'une parfaite conservation. Peut-être unique en cet état. Collection Verstolk de Soelen.

586 — Marigny (Abel-François Poisson de Vandières, marquis de), directeur-général des bâtiments, d'après L. Tocqué (121).

Superbe épreuve avant la lettre. Rare.

587 — Berrier (Nicolas-René), lieutenant de police, d'après J. de Lyen (127).

Très-belle épreuve d'un état antérieur au premier décrit, avant toutes lettres et les armes. Très-rare. Collection Verstolk de Soelen.

588 — Gouy (Élisabeth de), femme de H. Rigaud. (145).

Belle épreuve avant la lettre.

589 — Berregard (F.), gentilhomme danois (164).

Très-belle épreuve du deuxième état, avant différents accessoires. Rare.

590 — Erlach (Jérôme), advoyer de la ville de Berne, et général feld-maréchal de l'empereur Charles VI, d'après le chevalier Rusca (167).

Très-belle épreuve du premier état, avec l'inscription en allemand.

WITDOUC (Jean)

591 — Élevation en croix, d'après Rubens (B. 78 des sujets du N. T.). Belle estampe gravée en trois planches.

Superbe épreuve. Collection F. Lousbergs, 1804.

WOOLLETT (William)

592 — *The Battle at La Hogue* (la Bataille de La Hogue), d'après B. West.

Très-belle épreuve avant la lettre. (Lettres tracées.)

593 — *Roman edifices in ruin's* (édifices romains en ruines), d'après Cl. Lorrain.

Magnifique épreuve avant la lettre, sur papier de Chine, seulement les armes, les noms d'auteurs et la publication tracés à la pointe. Très-rare.

594 — *Apollo and the Seasons* (Apollon et les Saisons), d'ap. R. Wilson.

Très-belle épreuve avant toutes lettres, seulement les noms d'auteurs et l'adresse tracés à la pointe.

595 — La Chasse au sanglier, d'après J. Pillement.

Épreuve avant toutes lettres, seulement les noms des artistes tracés à la pointe.

596 — *Jacob and Laban* (Jacob et Laban), d'après Cl. Lorrain. Pièce connue sous le nom du *Grand Pont*.

Superbe épreuve avant toutes lettres et avec les voiles blancs au-dessus des têtes des deux femmes; épreuve dite aux *voiles blancs*. Très-rare.

597 — The Fishery (la Pêche).

Très-belle épreuve avant la lettre, seulement les noms d'auteurs tracés à la pointe. Rare.

598 — Phaéton, d'après R. Wilson.

Très-belle épreuve avant toutes lettre. Rare.

599 — Vue intérieure d'une forêt, d'après G. Poussin.

Superbe épreuve avant la lettres, seulement les noms d'auteurs tracés à la pointe. Très-rare. Collection Thorel.

600 — *Tobias and the angel* (Tobie et l'ange), d'ap. Lairesse et Glaubers.

Très-belle épreuve avant la lettre, seulement les armes, les titres et les noms d'auteurs tracés; elle a toute sa marge.

601 — Saint Jean près de la Madeleine, d'après Ann. Carrache.

Très-belle épreuve avant la lettre; sans marge.

602 — *Shooting* (la Chasse au fusil). Suite de quatre estampes, dites les *Quatre Temps de la chasse*, d'ap. G. Stubbs.

Très-belles épreuves avant toutes lettres, seulement les noms d'auteurs tracés à la pointe.

RENOU et MAULDE, imprimeurs de la Compagnie des Commissaires-Priseurs, rue de Rivoli, 144.   29093

www.ingramcontent.com/pod-product-compliance
Ingram Content Group UK Ltd.
Pitfield, Milton Keynes, MK11 3LW, UK
UKHW022352070726
13614UKWH00003B/1173